Eleonore Stängle-Worel

NAHTSTELLE JETZT

Roman

Umschlagentwurf und Gestaltung: Eleonore Stängle-Worel

Satz und Umschlagdruck: windhueter, Schorndorf
Fotografie: Studio Marlies, Bad Camberg
Druck: WB Druck GmbH & Co.
Buchproduktions KG, Rieden am Forggensee
Buchbinder: Thomas-Buchbinderei, Augsburg
Printed in Germany

ISBN 3-927657-02-6

Eleonore Stängle-Worel

NAHTSTELLE JETZT

Roman

H. Koester Verlag
D-7000 Stuttgart

Über die Autorin

Die Autorin Eleonore Stängle-Worel, am 15.11.1944 in Feldkirch in Vorarlberg/Österreich geboren, in Tschagguns-Latschau im Montafon aufgewachsen, kam 1963 nach Stuttgart. Seit 1975 ist sie freischaffende Objektbildnerin und Autorin.
Waren zuerst große Wand- und Raumobjekte in Metall ihr Ausdrucksmittel, so setzte sie doch gleich mit Entwurf und Gestaltung tragbarer, schmückender Objekte den Gegenpart hinzu. Dies ausweitend entwarf sie dann exklusiven Schmuck, u.a. auch Figuren für das königliche Spiel.
Etwas später entstanden Objektkästen, viele davon mit Aphorismen und Gedichten verbunden. In Ausstellungen wurden Installationen gezeigt. Für die Fotodokumentation „Installationen in der Natur" entwickelte sie eine überraschend strenge Form in Ausdruck und Material, um eine Zwiesprache zwischen Mensch und Natur zu ermöglichen.
Parallel zu dieser Entwicklung wendete sie sich 1976 stärker schriftstellerischen Arbeiten zu. 1984 zog sie sich einstweilig vom Kunstbetrieb zurück, um zu schreiben.
Sowohl im künstlerischen wie schriftstellerischen Bereich ist ihr die Poesie des Augenblicks und das Vermitteln von Visionen ein Anliegen.

Im gleichen Verlag erschien 1989 ihr Gedichtband „steine blühen langsam" und „Larvensommer – Puppenwinter", zwei Novellen.

Vorwort und Dank

»Still beugt sich der Mond durch die Jadestunde«

Dieser Satz ist der zarte Faden, an dem entlang ich dieses Buch geschrieben habe.
Aber anstatt eines weiteren Vorworts möchte ich all den Menschen danken, die mir durch ihre Unterstützung, durch ihr Hinter-mir-Stehen, einem richtigen Wort zur richtigen Zeit oder einer guten Stimmung und mit konstruktiver Kritik immer wieder geholfen haben, daß ich mich entwickeln und trotz manchmal widriger Umstände weiterarbeiten konnte.
Ich danke den genannten und ungenannten Freunden und Bekannten, die mich darin bestärkt haben, den ureigenen Weg zu gehen, ungeachtet all dem, was üblich ist. Mein Dank gilt auch den beiden engagierten Frauen, Renate Schneck und Helga Nesensohn, die in ihrer knappen Freizeit helfen, meine Arbeiten an die Öffentlichkeit heranzutragen, Herrn Heinz Hüer, der durch seine Erfahrung mit Künstlern, in einem früheren Werk, mein Anliegen sogleich verstanden hat, mir ein gutes Gegenüber sein konnte und gerade die Eigenheiten des Werks stützte.
Für ihre Hilfe beim vorliegenden Buch bedanke ich mich insbesondere bei Frau Drescher, die mir das schwer leserlicher Manuskript abgetippt und mir damit sehr geholfen hat, sowie einem Gesprächspartner, der ungenannt bleiben möchte, der nach Manuskripterstellung mir durch seine differenzierte Fragestellung nochmals ermöglichte, meinen Standpunkt von außerhalb betrachtet zu sehen.

Stuttgart, November 1990

Eleonore Stängle-Worel

Zeit:

hart an der Grenze

zur nächsten Epoche

Szene

Phila und die Verfasserin beim Spaziergang. Sie sprechen, diskutieren. Wir sitzen geruhsam auf einer Bank und hören die näherkommenden Stimmen. Genau vor uns bleiben sie für einen Augenblick stehen, gehen dann weiter. Die Stimmen entfernen sich.

Verfasserin: ... aber noch weht uns der Wind ums Haar. Zweige zeichnen Aderrisse in den Dunst. Unserem sparsam werdenden Lächeln von Mensch zu Mensch gleicht es.

Phila: Am Horizont versinkt die romantisch gefärbte Sonne, den Himmel mit dem restlichen Rot alleinlassend.

Verfasserin: Warte! Warte einen Augenblick! Es rast der Autolärm in absolute Stille, die Zeitung des Portiers hat aufgehört zu rascheln, dieser lauscht dem Ungehörten nach, der Gärtner zieht mit dem Rechen tiefe Linien durch die Abendluft und trifft dabei auf Blütenblätter, die erst morgen fallen.

Phila: Telefone klingeln, klingeln nicht, Worte brechen ab, Münder stehen offen.

Verfasserin: Der Handdruck erlischt, das Feuer schwärzt.

Phila: Die Kinder haben aufgehört, sich Spiele zu entwerfen.

Verfasserin: Und du siehst mich an. Wir waren in der Abendsonne unterwegs, den Wind hatten wir im Haar, jetzt steht es uns zu Berge.

Phila: Warte, es ist gleich vorbei. Der Lärm schwillt wieder an ...

Verfasserin: Und doch, nach diesem Zeitraum wird alles anders sein, es haben sich darin die Bedeutungen verschoben, soviel Zeit war immerhin ...

Die Stadt unter dem Kreis ...

»So sagen wir dazu. Und so ist es geworden«, setzt die alte Frau hinzu.

»Aber wann war das?« Das Mädchen, das mit der alten Frau auf der Anhöhe steht, fragt es sinnend, so als wüßte es, daß Zeit keine Rolle spiele, sondern nur die Richtung angeben könne, damit der Verstand einen Anhalt in der Endlosigkeit finde.

Die Alte sagt: »Oh, das ist lange her. So lange. Ich bin alt, und als ich ein Kind war, etwa wie du heute, hat es mir eine Alte erzählt, die es selbst nicht erlebt hat.«

Das Mädchen nickt verständig. Es war, als könne es soweit zurückdenken, als sei die ungenau angegebene Zeit genau das, was es braucht, um sich in der Erzählung der Alten zurechtzufinden. »Wo genau war die Stadt?« fragte es, »weißt du das?« Die Alte nickt, und in ihrem Gesicht werden einige Runzeln dunkel und tiefer, das Haar glänzt auf, der Arm hebt sich, zeigt mit kurzer Gebärde in die Senke vor ihnen auf dunkles Grün. Der Nachmittag war hell, mit der Ferne verdichtete sich der Dunst. Die Obstbäume blühten. Einige Stämme waren noch weiß bemalt. Ein festlicher Anblick. Das Kraut schoß saftig aus der Erde. Insekten schwirrten heftig, scheinbar tatenlos. Die Luft war durstig, hungrig, hell, warm, jeder schnelle Insektenflug mit dem gleichen oder einem anderen Ziel versehen. So gesehen war, bis auf die Schnellstraße ein paar hundert Meter weiter, alles still.

Die Alte hatte ihren Zeigefinger in die Luft geschoben, ein paar Insekten machten zuckende Umwege um diesen Finger. »Da wo das Brennesselfeld liegt, siehst du? Da war das«, sagte sie nur.

Sie rollt ihren Zeigefinger zurück zu den anderen Fingern, die Hand bildet eine leicht geöffnete Faust. Jederzeit könnte da der Zeigefinger wieder herausschnellen. Der Arm ist noch halb erhoben. Aus der Faust der Alten entfaltet sich ein blaugeädertes knochiges Blatt, aus Fingern bestehend. »Moder und Brennesseln«, sagt sie.

Das Blatt rollt sich an den Fingerspitzen ein, eine Haut wie chinesisches Seidenpapier glättet sich an wenigen Stellen. »Moder und Brennesseln. Der Geruch verlassener Stuben, der Rauch aus den Kaminen. Die breiten Straßen, die verzierten Gesimse, die ernsten Lehrstuben da unten und Worte. Soviele Worte.«

Das Blatt vertrocknet, wird wieder zur leicht geöffneten Faust, und der erhobene Arm wird in Körpernähe gezogen. »Daneben, an die Stadt gelehnt, der Geruch und der Atem der vielen Tiere. Die Misthaufen, die Maden und Fliegeneier. Der Ruf des Falken und der der Bäuerin hängen in den Gassen. Da liegt noch das Kraut vom Markt, die Kartoffeln und der Kartoffelpreis im Moder, die Rüben, der stille Blick der Kuh, die verkauft wird, die Schweißflocken des Pferdes, weil es den Schlächter riecht. Da liegt verbrannter Milchbrei in Feuerstellen.«

»Wem gehört das Brennesselfeld?« fragt das Mädchen. Die Frau antwortet lange nicht, tut, als wäre die Frage nicht von Belang, blickt in die Runde, nimmt den weiten Raum in sich auf, macht Streifzüge.

Später, als die Stadt verlassen war, sind die Dörfler in die prächtigen Häuser gezogen. Das Vieh wohnte in den unteren, mit allerlei schönen Dingen ausgestatteten Räumen. Mosaiken, Fresken, Ahnengalerien tränkten sich mit Viehgeruch und Mist.

Die Einfachen saßen fortan in Plüsch und Seide, starrten in alte und neue Bücher, manche versuchten gar darin zu lernen oder es ihren Kindern anzuheißen. Aber so plötzlich, ohne Vorbereitung konnten auch diese nichts damit beginnen. Das Porzellan zerbrach, der Mist füllte die Hinterhöfe, die Bücher standen da und verstaubten oder wurden in den riesigen Kaminen verbrannt. Sie hielten Markt ab, aber die Gärten waren jetzt weit weg. Sie führten die Tiere an ihrem, nun verlassenen Dorf vorbei, in dem nur ein paar von ihnen geblieben waren.

Nach einer Weile zog einer nach dem anderen wieder zurück. Die Plüschsessel waren den Arbeitshosen nicht gewachsen und hatten unappetitliche Flecken und rochen, da sie nicht mit Scheuersand blank geputzt werden konnten, entsetzlich. Die Teppiche waren vom rauhen Schuhwerk verdorben. Auch war die Stadt unheimlich und groß gewesen. Für die Bewohner eines Dorfes, die die Gemeinschaft gewohnt waren, waren zu viele Mauern bis zum Nachbarn zu überwinden. Kurzum, als alles benutzt und sich als unsachgemäß herausgestellt hatte, zogen sie wieder zurück. Aber zurück blieb Abfall, Mißbrauch und Unverstand den einmal mit Liebe hergestellten Dingen gegenüber. Die Dorfbewohner hatten auch, während sie versuchten sich in den schönen hohen Räumen behaglich zu fühlen, einen Ansatz von schlechtem Gewissen den vorher Dagewesenen gegenüber gefühlt, ganz so, als wäre deren Abwesenheit nur ein zeitweiliges Wegbleiben, was sie eigentlich nicht berechtigte, diese alte Stätte zu besetzen.

Das Dorf blühte wieder auf und wuchs bis zu den ersten Häusern der Stadt heran und zum Teil sogar in sie hinein. So gab die frühere Verflechtung ein äußeres Bild. Aber tiefer setzte keiner mehr seinen Fuß in die alten Gemäuer. Sie verfielen zusehends. Die Straßen brachen auf. Holunder blühte bereits, er zwang seine Wurzeln in die schmalsten Ritzen, sprengte hier und da ein Haus. Die Dächer fielen ein. Gras stand schon in dichten Fahnen, Bäume wuchsen, stürzten in die dunklen Schächte, Brombeeren bauten dornige Brücken über Häuserschluchten. Moos wucherte, aus sonnenfernem, kühlem Atem gespeist. Birken standen auf und stürzten. Über die Stadt wuchs ein Dach. Von unten gesehen muß es ein grüner Himmel sein.

Das hätte die Alte erzählen können, aber sie sah nur ihre inneren Bilder. Die tiefgrünen Gäßchen, die bemoosten Mauern, die verrosteten Schmiedeeisen, die vom Sickerwasser verfärbten Simse da unten, die von Nachtschattengewächsen bewohnten Mondgärten und von Lurchen besetzten Nischen.
Sie hörte die tropfende Musik, das Huschen der tagscheuen Tiere, das leise Kratzen der Käferfüße.
Da oben mußte der Himmel grün sein.
Dann fiel ihr ein, daß sie oben war und hinabsah auf jenen Himmel und das junge Ding neben ihr stand.

Das Mädchen sucht den Horizont ab. Sie und die Alte treffen sich im Dunstschleier über der Stadt. Beide kehren mit den Blicken, Hügel überwindend, der Straße entlang in die Wiese zurück. Die Luft ist hell und warm, die Bäume stehen festlich in Blüte. Insekten glühen auf und verschwinden. Stecknadelkopfgroße Kometen im Sommertag.
»Du heißt Philomena«, sagte die Alte.
Das Mädchen nickt.
»Ich heiße Philomena«, sagt die Alte, »hast du das gewußt?« Das Mädchen schüttelt den Kopf. »Nein«, sagt es, »wir nennen dich doch die Pila oder die Pila'ahn.«
»Das kommt von Philomena, es ist ein alter Name, und das

Ahn daran kommt von Ahne, wie du dir jetzt denken kannst. Du hast den gleichen Namen wie ich, und ich habe den gleichen Namen wie die alte Frau, die mir das Brennesselfeld an so einem Tag, wie heute einer ist, gezeigt hat. Natürlich, wir Kinder haben es schon früher bemerkt. Als ich selbst noch Kind war, wollten wir unsere Hütten an den Rand des Brennesselfeldes bauen und spielen. Es wurde uns aber verboten. Es ist auch vom Dorf zu weit weg. Und es ist gefährlich.«

»Hat es denn niemand abmähen oder zuschütten wollen und urbar machen? Felder darauf anlegen, das hätte man doch können«, sagt das Mädchen.

»Felder darauf anlegen?« spottete die alte Frau. Ihr Haar steht widerspenstig um das Gesicht. »Es ist wohl ein Feld – oder nicht?«

»Ein Brennesselfeld«, sagt das Mädchen. »Ein großes noch dazu. Man hätte es verteilen können. Wievielen Menschen wäre das zustatten gekommen. Wem gehört es wohl?«

»Verteilen?« fragt die Alte. Ihre grüngelben Augen blikken hart. »Es ist verteilt. Der Schweiß des Pferdes tropft über die Flanken herab zu Boden, weil es den Schlächter riecht. Der Geruch in den Stuben, der Rauch aus den Kaminen. Der Atem der Tiere und Menschen. Was sie gelernt, gefühlt, gewollt haben. Brennessel und Moder! Der verbrannte Milchbrei in der Asche. Das Kindergeschrei ist aufgesogen worden. All das, was geschehen ist, ist verteilt. Es ist auf alle verteilt. Auf alle, die da gelebt haben, wird alles, was sie gelebt haben, verteilt sein. Jede kleinste Regung auf alles und alle. Und auch das Wachstum, das gewesen ist und nicht mehr ist. Auf alles und alle. Das Kindergeschrei – es ist aufgesogen worden. Die Brennesseln blühen davon.«

»Die vielen Schmetterlinge, siehst du sie? Die weißen Seelchen, die spielenden Kinder im Lufthauch? Wie sie sich tummeln und sich jagen«, sagt die Alte. »Schau, wie weiß sie sind. Verteilen?« lacht sie auf. Ihr Gesicht wird bitter. Mundrot, eine Wunde im Gesicht, verformt von den bitteren Worten. Eine Öffnung, aus der ab und an Schmerz entlassen werden kann.

»Die Kinder«, murmelte die Alte erstickt. »Schau sie dir an, die Seelchen, die nicht werden können.« Sie verzieht den Mund zu einem schiefen Lächeln. »Irgendwann«, sagt sie lebhaft, »haben sie sich diese Möglichkeit mit den Schmetterlingen ausgedacht. Aber sie dürfen nicht weg. Nie habe ich eines dieser Seelchen außerhalb des Feldes getroffen. Schmetterlingspiel. Sie machen es in manchen Jahren fast jeden Tag, wenn die Sonne scheint. So haben sie, die nie geworden sind, und die, für die alles aufgehört hat weiterzusein, eine Art, zu sein, gefunden. Kinder haben Kraft und Überlebenswille. Aber sie dürfen nicht weg.«

Das Mädchen hört die Stimme der alten Frau, und es ist ihm, als würde sich aus den Worten der alten Frau ein seltsamer Chor von vielen Worten vernehmen lassen. Unwegsam, irgendwo hinter dem, was die Alte sagte, und doch so, als müsse es zuhören, weiter hineinhören, um aus der vernommenen und gleichmäßigen Tonlage des Chores einzelne Worte herauszuhören. Dem Mädchen schien das Lauschen nach dem Chor geradeso notwendig wie das stückweise Vordringen in die Worte der alten Philomena. Diese schien voll von dem zu sein, was dem Kind Philomena vorkam, daß es sich lohne, zu erfragen.

»Was essen die Schmetterlinge Pila'ahn?« fragt es deshalb, und weil es die alte Philomena zum Sprechen bringen will, damit es den Chor der vielen Stimmen hinter der Antwort weiter erforschen könne, und weil sie, die noch kindli-

che Philomena wirklich wissen will, wovon sich die Schmetterlinge über dem Brennesselfeld ernähren.
»Brennesselblüten, Unkraut allemal, senfhaltige Pflanzen, Kresse, sie leben von dem, was da unten so alles ist,« sagt Philomena, die alte.
»Brennesselblüten?« fragt das Mädchen sinnend.
»Und die leben von dem, was gewesen ist, von der verlorenen Stadt, die darunter liegt«, murmelt die Alte. Sie setzt sich ächzend ins Gras und lehnt sich an den Apfelbaumstamm hinter sich. Rinde scharrt über den Rücken. Sie legt ihre Finger ineinander und diese in den dunkelblauen Rock, der das Tal zwischen den hochgereckten Knien ausfüllt. Auch das Mädchen setzt sich ins Gras, vielmehr läßt es seinen schmalen Körper mit einer schnellen Bewegung in sich zusammenfallen. Philomenas alter Körper rückt den Rücken steiler an den Baumstamm. Der Körper der jungen Philomena befindet sich vor den Toren des Erwachsenwerdens. Schlank und hochgewachsen sind beide weiblichen Figuren. Ziehen sich bei der Älteren die Rundungen zurück, so sind sie bei der Jungen noch sehr verhalten. Die junge Figur setzt sich. Betrachtet man beide Figuren aus der Ferne, so setzt sich die eckige und ungestüme Art der einen, von der ruhigen der anderen ab. Braungeädertes Gold, die Haut der einen, eine helle, fast weiße, die der anderen.

»Warum ist die Stadt nicht mehr? Pila'ahn?«
»Sie ist noch und ist nicht, sie ist eben da unten, verdorben ist sie.« Pila'ahn sagt es unwillig. Ihre Stimme schnarrt aus dem nur halbgeöffneten Mund, so, als wären die Stimmbänder angegriffen und der formenden Melodie nicht fähig, nicht bei diesen Worten und Empfindungen, die dahinter stehen, und so, als würden die zur Antwort dienenden Wortgebilde nun doch und trotz des Unwillens hervorgebracht,

auf dem Wege zur Mundhöhle an den Wänden des verkrampften Rachens vielmals zerschmettert werden. Das klein auf klein zusammengesetzte Wortwerk sollte erst durch Mund und Zunge neu und für das Mädchen verständlich gemacht werden. Aber gerade nur als Bruchwerk. Und nicht mehr.

Die alte Frau schaut in die untergehende Sonne. Ein weißglühender Ball über dem Dunst der Stadt. Unter der braunen Haut der Alten erwärmt sich das Blut. Als sie sich umwendet, begegnet sie dem Blick des Mädchens. Die alten Augen leuchten weißgrün. Philomena schreit auf, als sie der Blick der Alten trifft: »Die Schmetterlinge! Sie sammeln sich.« Das Mädchen hält die Hand vor den Mund. Über der grünen Iris der Alten sammeln sich in kreisenden Scharen die weißen Schmetterlinge und verschwinden, näher und näher dem Sog kommend, im zyklopischen Auge.

Die Stimme der Alten reißt das Bild auseinander. »Schau Philomena, schau hinunter. Sie gehen heim, die Kinderchen.« Über dem Meer von Brennesseln, unter denen das Geröll der versunkenen Stadt, bizarre Verwerfungen und Höhlen für allerlei Getier bildend, liegen mag, sammeln sich die weißen Schmetterlinge in Scharen. Zielstrebig flattern sie in der Abendsonne, einem sich verdichtenden Schwarm zu. Mehr kommen hinzu, es werden Wolken aus Schmetterlingen. Sie kommen in eine weitschweifige Kreisbewegung, werden mitgerissen, immer schneller wird der Tanz. Schneller der Flug. Schon ist nur noch Weiß in der Mitte. Oder war, ist es ein Loch? Alle stürzen hinein.

Die Alte und das Mädchen schauen auf das öde Feld. Die Sonne rötet ein wenig die Hügelkette. Von der Straße ebbt und flutet entfernter Lärm. Ächzend steht die Alte auf.

»Mir ist«, sagt Philomena, »als ob ich das irgendwoher

wüßte. Als hätte ich es schon einmal erlebt. Im Traum vielleicht? Mir ist auch, als wollte ich platzen vor Neugier. Pila'ahn sag, meinst du, da wäre ein Versteck? Ich meine ein richtig großes weißes Nest aus lauter Schmetterlingen da unten? Stell dir vor, ich würde sie finden. Ein ganzes riesiges Nest und nur aus Schmetterlingen!«

Das Mädchen steht, erregt durch seine eigene Vorstellung, abrupt auf. »Stell es dir doch einfach mal vor, Pila'ahn.«

»Ich kann es mir vorstellen, Philomena. Sehr gut sogar«, lächelt da die Pila'ahn. »Weißt du, du hast die gleichen Träume wie ich, als ich jung war so wie du. Aber das Leben kommt und geht. Jetzt bist du dran. Ich bin alt.«

»Aber Pila'ahn, es macht doch nichts, wenn man alt wird, und du hast ja mich. Ich besuche dich, so oft ich kann, und dann gehen wir hierher auf unseren Platz. Ja? und sehen den Schmetterlingen zu«, sprudelt das junge Mädchen leichthin, als wäre es selbst ein Schmetterling.

»Du gehst deinen Weg Philomena, so wie ich ihn gegangen bin«, brummt Pila'ahn. Das Mädchen hört wohl wegen des fehlenden Wortes, das durch seine Nichtanwesenheit die Gleichheit des Weges der Alten und seines eigenen Weges so eng verband, kurz auf, wollte aber nicht daran rühren. Und außerdem, dachte es, werden wir alle alt. Vielleicht hat die Pila'ahn sich das so gedacht. Wegen des Altwerdens und weil es jeden trifft. Daß das jedes Menschen Weg ist. Obwohl, meistens überlegte es sich die alte Pila'ahn immer sehr genau, was und zu wem sie etwas sagte.

Jedes Wort hatte seinen Platz.

*

Die junge Frau schützte ihre Augen mit der flachen Hand, aber der Flugplatz war so hell, daß die Helligkeit, gefolgt von der Blindheit, unter die zum Abschatten der Augen auf die Brauen gelegte Hand gelangte.

Für einen Moment stand Phila, ganz anders als sie es sich immer vorgestellt hatte, auf genau jenem Punkt, von dem aus sie sich einen ersten weiten Überblick und den ersten tiefen Atemzug hatte machen wollen.

Es war ganz anders. Die Hitze berührte sie als feste Materie, als sie den ersten Schritt, leicht gebückt, in der Haltung, in der man instinktiv eine Höhle verläßt, machte. Die erwartete frische Luft, das Einatmen zur Erfahrung neuer Gerüche, das Ausatmen, verbunden mit dem erleichterten kleinen Stöhnen eines gemachten Abschlusses, all dies zusammen mit der angestauten Erwartung blieb ihr vor dem Gesicht und halb in der Brust hängen. Dies war ein unerwarteter Zustand, der ihr das Gefühl, eine Wand eingeatmet und dabei ersticken zu müssen, gab, weil diese Wand nun zum Teil schon in der eigenen Brust war und sich nicht zu bewegen schien. Ein unhaltbarer beängstigender Zustand, und sie fühlte ihn trotz der höchstens ein, zwei vergangenen Augenblicke sehr genau. Zudem blendete sie buchstäblich alles. Sie sah nichts außer Hell.

Phila versuchte trotz eingesogener und dort unbeweglich verharrender Wand in der Brust, der Wand vor Mund und Nase, sich Luft zu verschaffen, indem sie zuerst mit der Hand, an der ihre Handtasche baumelte, nach einem Halt, da neben ihr, das wußte sie, mußte doch das Geländer sein, tastete. Sie erlaubte sich kein Zurückzucken vor dem eben gesuchten Halt, obwohl dieser alles bestätigte, wovon sie versuchte sich zu befreien, und atmete das in ihr unbewegliche Stück heiße Wand tiefer in ihre Lungen und hielt den Atem an.

Es hätte nun sein können, Phila hatte auch Angst davor gehabt, daß sie, jeder Bewegung bar, so dastehend, einfach daran ersticken würde, aber die Luft hatte sich in ihrem Brustkorb gekühlt und kam atmungsfähig zurück, als sie den Versuch auszuatmen unternahm. Sicher, im ersten Moment vermischte sie sich nicht mit der heißen Luft vor Philas Mund, und fast wäre sie gezwungen gewesen, die gleiche Luft wieder einzuatmen, aber dann vermischte sie sich damit.

Phila ließ das Geländer los, tastete nach dem Knopf an der Handtasche; Bügel, Hand in der Mitte des Bügels. Genau darunter ist der Knopf zum Öffnen. Den Knopf leicht anheben. Ein Klick verrät dir, Phila, daß die Handtasche offen ist. Die Sonnenbrille liegt auf der Seite, wo auch das Taschentuch liegt. Wenn du die Fläche des Passes ein wenig rauh spürst, muß die Hand auf die andere Seite greifen. Da ist auch das Parfüm. Deine Hand wird, weil immer ein wenig Geruch auf der Flasche verdunstet, nach Parfüm riechen. Den ganzen Tag, solange bis du Gelegenheit hast, dich zurückzuziehen, um die Hände zu reinigen. Vielleicht nimmst du anschließend einen Tropfen vom Parfüm.

Sie ertastet die Sonnenbrille. Das Glas liegt kühl eingebettet im Allerlei und Einzelnen. Sie holt die Brille unter Bewahren der Kühle aus der Tasche und setzt sie sich vor ihre Augen.

Augenblicklich wird alles erträglich.

Aus schmerzhaftem Geblendetsein ohne Konturen wird Grünblau, ein grünblauer, sehr heller Flugplatz, widerspiegelnde Fensterfronten, Gleißen von einem Fenster ins andere, aber dazwischen helle Wände und sogar Schatten. Leute, undeutlich hell gekleidete, winken. Phila macht ohne hinzusehen die Tasche zu, hat viel Zeit versäumt, der erwartete, erdachte, erfundene Augenblick des Dastehens und

Überblickens ist nicht dagewesen oder war nicht brauchbar, und es hatte keinen Sinn, so zu tun, als würde der Augenblick erst beginnen. Es wäre eine Stillosigkeit, jetzt von vorne anzufangen, wenn das, was geplant war, nicht kommen kann, vorbei ist. Und wenn . . .? nein, es ist vorbei, kann nicht zurückgeholt werden, nie mehr. Phila versucht sich in den nächsten Augenblick ohne Zögern einzuschleusen, vor ihr noch ein Schritt, dann die steile Treppe, die abwärts führt. Sie hebt den Arm und winkt.

*

Die Form des Flugzeuges hatte sich kurz vor Öffnen der Luken in eine silberne, nur von unruhigen Konturen umzogene Flüssigkeit, die zudem über den Beton zu schweben schien, verwandelt, als endlich die Gangway angepaßt wurde.

Zitha stand mit den anderen Neugierigen auf der Aussichtsplattform, von der aus es sich kaum lohnte, neugierig zu sein. Sie würde, wie alle anderen, gleich wenn sie, die Erwartete, herauskam, ihren Aussichtsplatz verlassen und mit der Menge umziehen zu einem anderen Platz, von dem aus die Erwartete noch einmal gesichtet werden konnte. Zitha versuchte trotz der verfließenden Linien die abgerundeten Vierecke der Fenster im Flugzeug auszumachen, sie festzuhalten und in Erinnerungsformen zu bringen. Aber es war ihr, außer wenn sie sich wirklich sehr anstrengte, und dann nur ansatzweise, dies jedoch sofort verlierend, nur kurz möglich. Sie hatte gehofft, eine Bewegung von der

Frau im Fenster zu sehen. Etwas, was sie den anderen dann voraus hatte. Ein verwischter Farbtupfer, der sich beim Heraustreten als zum Kleid der Erwarteten gehörig erweisen würde, hätte ihr schon genügt, um früher als alle anderen Wartenden mit ihr verbunden zu sein. Es gelang ihr kaum, die Augen länger auf dem, über dem Boden in sich verfließenden Metallfleck zu halten, und immer wieder kniff sie die Lider zu, um in die rotschwarze Finsternis hinter den Lidern zu tauchen. Jeder neue, noch schmaler angesetzte Sehschlitz ließ mehr Lichtqualen ein, als der vorherige, und es schien ihr, als sammle sie das Hell auf ihrem Augapfel und es würde bis zur Unerträglichkeit viel werden.

Die Erwartete würde heraustreten aus dem angenehm gehaltenen Halbdunkel der Kabine, keine dreißig Minuten zwischen anderen verschwitzten Menschen geschwitzt haben, keine bleierne Müdigkeit mit der Frage, ob es nicht doch besser wäre zu gehen im Schlepptau, nein sie, die Frau da im Flugzeug, wußte genau, was zu tun war. Sie würde gepflegt, gesättigt, die wohltuende Tätigkeit der Klimaanlage noch im Haar und der Kleidung verspürend, heraustreten, mit einem Lächeln stehen bleiben, mit einem Lächeln, das sich aus fein gemalten Lippen verteilen konnte an alle, die gekommen waren, es zu sehen.

Zithas Lippen waren trocken. Ihr Mund wäre zu jenem Lächeln, das sie für gleich erwartete, nicht mehr fähig. Die ersten weißen Hautteilchen standen ab, würden beim Gespanntwerden reißen. Aber jene dort, aus dem Flugzeugrumpf kommend, sie könnte lächeln. Sie mußte stehenbleiben, da oben sich umsehen, weit, so weit sie konnte sehen, sich erinnern, das mußte sie! Oben stehenbleiben, sich erinnern, sich erst dann erinnern, daß viele gekommen waren, sie zu begrüßen, und deshalb erst DANN: Lächeln. Nicht vorher! Da stand sie vor dem dunklen Hintergrund. Die Erwartete, hellblau das Kleid, auf der weißen Brücke. »Phila!« »Phila!« Arme hoch, Taschentücher, Halstücher wehen den Schweißgeruch höher. »Phila!« »Phila!« Phila tastet nach dem Geländer, setzt die Brille auf, Phila winkt, das kann Zitha deutlich sehen, das Lächeln nicht.

*

Am Fuße der Treppe erwarten Phila Blumen und Küsse, und als wäre es nicht hell genug, Blitzlichter. Einäugige Schraubverschlüsse fassen das Bild, Phila umarmt ihren Manager, Phila lächelt in die reichen Blumensträuße, mit Verehrern, im Kreis der engsten Freunde, mit Flugzeug im Hintergrund, mit Stewardessen auf der Gangway, Phila und der Kapitän, sie bedankt sich bei ihm.

Phila weiß, daß die Filmkameras im Wettstreit mit den Fotokameras stehen, Phila dreht sich geschickt, das Kleid wird anmutige Falten um ihren schlanken Körper schlingen, wenn sie sich so nach links dreht, da ist Marc, und einen halben Schritt vor wird der hellblaue Stoff glatt über dem rechten Oberschenkel sein und der Faltenwurf im Schritt. Für die Fotografen, die vorne und rechts von ihr stehen, ist sie dann gut im Bild.

Marc ist größer als sie, Phila dreht mit Marc bei der Begrüßung, eng umarmt, einen Halbkreis, Marc hat nun die Sonne im Gesicht. Marc küßt Phila wie immer auf die Stirne. »Hast Du einen guten Flug gehabt?« Phila schaut ihm nur kurz in die Augen und nickt. »Hatten Sie einen guten Flug, Miß Phila?« »Wie lange werden Sie in unserer Stadt bleiben?« »Werden Sie für immer bleiben?« »Wann ist Ihr erster Drehtag, in drei Tagen schon?« »Danke.« »Herzlich willkommen, Frau Berg, wir freuen uns«, Phila reicht Hände, drückt feuchte Handflächen, »daß Sie wieder einmal bei uns sind!« Marc und Theo, den alle nur Putzi nennen, nehmen Phila in die Mitte und begleiten sie vom Rollfeld. Phila streicht sich über die Stirne.

»Bekomme ich mein gewohntes Appartement im Hotel?« Putzi grinst: »Wie immer, Gnädigste. Der Weiße Schmetterling ist auf dich vorbereitet, das Personal steht stramm. Die Suite der Gnädigsten ist voller Blumen. Lauter Verehrer.« Phila schubst Theo freundschaftlich mit dem Ellenbogen. »Du Lästerzunge, du. Was ist für den Abend vorgesehen? Darf ich ausruhen?«

»Ausruhen?«, Theo macht Kulleraugen, »ausruhen gibt's nicht, nein, wenn eine Dame so gut aussieht«, Theo nimmt die untergehakte Hand Philas und küßt auf die Fingerspitzen. »Du nimmst also noch das gleiche Parfüm? Nein, wir haben einen kleinen intimen Empfang für Produzenten, Schauspieler, den Regisseur, kurzum für die Crew arrangiert. Du bist der Star, nix ausruhen.«

»Vorher bleiben dir aber noch ein paar Stunden«, sagt Marc. »Da vorne steht das Auto, das schwarze ist unseres.«

Die Fernsehkameras kopieren bewegungsgleich strahlende Abzugsbilder vom Jetzt für Morgen oder Übermorgen oder noch später, vielleicht ist dann schon Farbe verblaßt an der und der Stelle, hat das magnetische Material die Flüchtigkeit nicht an seiner Oberfläche halten können, vielleicht sind gar die Schatten weg, das wäre fatal, denn es ist sowieso alles so überbelichtet, man muß sich mühen an solchen Tagen, Konturen ins Bild zu bekommen, das hellblaue Kleid bewegt sich, der Vergleich sei gestattet, wie eine hellblaue Fahne, eine Applikation, noch unbefestigt im vielen Hell, als wäre ein Fetzen Himmel zu sehen zwischen bestrahlten Kinoleinwänden oder Leintüchern, die gebleicht werden. Das hellblaue Kleid tut den Fernsehkameras gut, es haftet, gibt Stoff, der leicht verdaulich durch das schwarze Auge rutscht, und wie im Schlaraffenland ist für alle zur selben Zeit genug da.

*

Im schwarzen Glanz fotografieren sich, vom Blech in verschiedene Krümmungen gezogen, die Zuschauer. Eine davon ist Zitha, in der vierten Reihe neben einer Dame, die sich den Hals ausrenkt, neben einem jungen Mädchen, das strahlt und am Arm ihres Freundes auf und ab hüpft. Hinter sich spürt Zitha den Atem eines Mannes im Nacken, und vor sich sieht Zitha zwischen den Köpfen hindurch das verbogene Glanzfoto ›Gruppenbild im Auto‹, und sie ist auch drauf. Morgen wird in einer der Zeitungen auch Zitha mitten in der Menge, als Menge, wie viele Verehrer der Phila ihre Individualität für die Dauer eines Zeitungstages eingebüßt haben, aber sie hat den Fotografen nicht bemerkt. Für sie ist nur ihr von anderen umrahmtes Gesicht im schwarzen Lack zu sehen, darin sie aussieht, als würde ihr Haar mit fremdem Haar verwoben, weil gerade da ein leichter Formknick im Auto ist. Blumen werden geworfen. »Phila, Phila!« Eine Hand schiebt sich über das Gruppenbild, die Türe wird aufgemacht, Hellblau rutscht auf den Sitz, die Türe wird zugemacht. Hinter der Scheibe die Sonnenbrille, ein feingemalter Mund. Das Winken hinter der Scheibe rutscht weg, das Gruppenbild verwischt in die Beweislosigkeit, ist schon nicht mehr gewesen. Die Fotografen fahren weg, die Zeitungsleute, die von den Fernsehanstalten haben es nicht so eilig. Sie laufen gemächlich zu ihren Fahrzeugen, ein Techniker lacht.

»Kommen Sie, Zitha«, sagt der Mann hinter Zitha und nimmt diese am Arm.

Wenn die Türe zum Flur geöffnet wird, ist das Licht an. Nie war der Flur mit Schatten zugestellt, aber was wichtiger ist, da liegt auf dem Spannteppich ein weicher Teppich, ein Berber. Die Kommode ist aus rötlichem Holz und hat drei Schubfächer mit rötlichen Holzknöpfen. Die Holzknöpfe liegen, will man eine der Schubfächer öffnen, gut zwischen den Fingern. Über der Kommode ein schlichter Spiegel, in den man sehen kann, wenn man den Mut hat. Zitha hat den Mut nicht. Sie sieht nur hinein, um sich zu vergewissern, daß das Haar richtig sitzt, aber dabei sieht sich Zitha nicht an. Nicht im Flur. Schon eher in dem Spiegel, der im Wohnzimmer eine wichtige Stelle einnimmt gegenüber der Flurtüre. Wenn Zitha wollte, könnte sie dem Spiegel nicht ausweichen, sie könnte nur, das Wohnzimmer betretend, absichtlich auf den Boden sehen, aber das tut sie nicht. Sie sieht sich ihre Dimensionslosigkeit an, das macht sie jedesmal, wenn sie hereinkommt. Es kommt nichts zurück, keine Angst, absolut nichts. Es ist, als wäre der Spiegel, der ihre ganze Figur und einen Teil der Einrichtung aufzulisten vermochte, auch im Stande anzuzeigen, daß sie sich über ihr eigenes Bild überhaupt nicht wundere und dagegen ankämpfe.

Zitha dreht sich um, als die Türe ins Schloß fällt, die Abschiedsworte: »So, da wären wir, Sie sind sicherlich müde, also dann bis bald«, sind abgetrennt, geliebte Worte, unangenehme Worte, Worte, nur Worte, das Alleinsein zählt jetzt doppelt, und das ist es, das Noch-einmal-Umdrehen und sehen, ob die Türe wirklich zu ist, und die Worte draußen sind. Bei Zitha ist alles still.

Der Flur nimmt die hochhackigen Schuhe in Empfang. Der Staub hinterläßt ein angefangenes Grundmuster auf dem Teppichboden. Anschließend stehen die Schuhe, eng beieinander in den Berberflor gebettet, die Handtasche, weg mit ihr, bedeckt die erste schweißnasse Vertiefung im Teppich. Zitha setzt sich am hohen Spiegel vorbei auf helle Zweisitzer, Dreisitzer, in den Einzellehnstuhl, dann wieder auf den Zweisitzer und rutscht sich ein wenig darin zurecht. Die Wohnung ist gepflegt eingerichtet. Teppiche, zum Teil übereinander, verschweigen den Wänden, dem Beistelltisch, dem Holz, der Bücherwand, der Türe zum Schlafraum, den Takt der Schritte. Diese Wohnung ist so still, daß das Blättern in den neu hinzugekommenen Journalen, nach denen Zitha greift, als ständige Unterbrechung dieser Stille steht. Die Zeitungsseiten reiben aneinander, knallen auf, rascheln lauter, falten sich, es ist wieder still. Die Zeitungsseiten reiben aneinander, knallen auf, rascheln lauter, falten sich, es ist wieder still. Die Unterbrechungen zeigen, wie lange Zitha einem Bild, einer Seite, einem Text, etwas entnimmt, oder wie lange sie etwas betrachten mag. Nach zehn Unterbrechungen rollt sich Zitha auf dem Zweisitzer zusammen. Sie liegt da wie ein kleines Kind und erblickt den 3,30 m hohen Himmel ihrer Welt. Dieser Himmel ist weiß. Er mag leer wirken, aber Zitha weiß, daß dies nicht stimmt.

Da sind die langjährigen Ecken mit ein wenig grauem Staub. Eine sehr lange, dünne Falte ist im Papier der Tapete, und wenn Zitha mag, macht sie daraus einen Haarriß, das kommt jetzt öfter vor. Lange Zeit hat der Reinigungstrupp einen Spinnwebfaden über dem Schreibtisch vergessen, der hatte sich beim kleinsten Lufthauch bewegt. Das Papier der Tapete war nicht ganz glatt. Es gibt kleine Unregelmäßigkeiten, die sich je nach Decken- oder Leselicht in kleine Bilder verwandeln können. Es waren schon Schnäbel, Krüge, Gabeln dabei und anderes, was Zitha mit der Zeit wieder vergaß. Zitha war nie da, wenn der Reinigungstrupp seine Arbeit machte. Sie wußte den Tag, die Stunde, wann sie die Wohnung zu verlassen hatte. Eine Stunde vorher klingelte das Telefon, die Stimme am anderen Ende erinnerte sie daran, daß der Reinigungstrupp käme und sie sich bereithalten solle, sie werde abgeholt. Sie wurde immer von der gleichen männlichen Person, die, bevor sie hereinkam, klingelte, abgeholt.

Die männliche Person ließ sich Lon nennen. Zitha war froh, wenn Lon sie abholte. Lon, ein großgewachsener dunkelhaariger Mann, benahm sich bestimmt, aber höflich gegenüber Zitha. Sie hatte in der Richtung nichts zu beklagen. Er erwartete sie dann im Flur, Zitha war meist fertig. Ein flüchtiger Blick in den Spiegel, ein höfliches Lächeln zu Lon, das war sie ihm schuldig, standen sie gleich darauf in einem langen hellen Flur, von dem weitere Flure, genauso hellbeleuchtet, abzweigten. Lon versperrte die Türe hinter ihnen.
»Wollen Sie erst das Programm absolvieren und dann mit mir essen, oder umgekehrt?« fragte er dann. Aber für sie spielte es keine Rolle. Es hatte keine Wichtigkeit, deshalb kam es nur manchmal vor, daß sie von sich aus einen genauen Ablauf wünschte. Sie konnte längst aus dem Tonfall der gestellten Frage herauslesen, ob Lon später oder gleich

essen wollte; seinen verschwiegenen Wünschen entsprachen ihre Antworten. Wie sie überhaupt bei vielem, was außerhalb ihrer Wohnung an sie herangetragen wurde und worin die Entscheidung ihr oblag, nur versuchte, es den anderen, die um sie herumwaren, recht zu machen und biegsam auf deren Belange zu antworten. Zitha fuhr nicht schlecht dabei. Alle, mit denen sie zu tun hatte, behandelten sie höflich, bisweilen sogar zuvorkommend, Lon war keine Ausnahme, er verkörperte eher das, was für sie die Außenwelt und der Kontakt, der Ton, in dem mit ihr Umgang gepflegt wurde, war.

Lon hatte kräftige, schöngeformte Hände. Manchmal spürte sie, wenn sie durch die langen Flure liefen, seinen verhaltenen Zugriff am Arm, wenn sie, Zitha, anstatt nach links abzubiegen, geradeaus vermeinte gehen zu müssen oder wenn die langen Fußgängerrollbahnen, auf die man sich stellen konnte, um von einem Flur in den nächsten zu gelangen, benutzt werden sollten. Lon begleitete sie sicher.

Allein hätte sich Zitha nie zurechtgefunden. Sie wäre nie am verabredeten Platz und vor allem nicht zur verabredeten Zeit erschienen, sondern wäre irgendwann, des Suchens müde, auf eine der in den modernen, eher hallenähnlichen Fluren aufgestellten Lederbänke gefallen und hätte dort verzweifelt oder vielleicht auch besonders ruhig darauf gewartet, daß jemand nach ihr suche und sie dort finde, denn es konnte sein, daß niemand vorüberging, den man hätte fragen können, und es wäre auch nicht sicher gewesen, daß dieser den Weg gewußt hätte, und es war auch nicht sicher, vor allem Zitha selbst nicht, ob sie die Frage hätte formulieren können, wohin sie zu gehen hatte.

Überhaupt, Lon war ein Mensch, der Pfadfinder hätte sein können. Nicht, daß er so jugendlich aussah, ganz im Gegenteil, er wirkte sehr männlich, aber das Wort war ihr beim Blättern im Wörterbuch aufgefallen, und sie meinte, so wie Lon sich in den endlosen Fluren, den Rolltreppen, den Abzweigungen, den Aufzügen und Fußgängerförderbändern zurechtfand, der Name passe zu ihm, ja er sei geradewegs für Lon erfunden worden. Sie hatte gelesen, daß Pfadfinder organisiert waren, daß sie neue Wege eröffnen, daß die Mitglieder jeden Tag eine gute Tat vollbringen, Leuten etwa über die Straßen helfen, jemanden, der es nötig hat, besuchen, daß sie lernten, in der Wildnis zurechtzukommen.

Zitha freute sich auf Lons Anruf, auf den Moment, wenn er sie abholte, Lon suchte für sie den Weg in der Vielzahl der Möglichkeiten. Er ließ sich durchaus, denn Zitha empfand das alles als gute Tat, mit einem Pfadfinder vergleichen. Außerdem brachte er sie zu anderen, ebenso höflichen Menschen, wie er selber einer war.

Seine Telefonnummer kannte sie auswendig. Eins Lon. Zwei Notfall. Zitha greift zum Telefon. Ihr Zeigefinger pendelt über dem Druckknopf.

Eins zu Zwei. Eins Lon, zwei Notfall, eins, zwei. Wenn sie beide Knöpfe zur gleichen Zeit drückte? Oder nacheinander, 1, 2, 12, 21, 111 oder 222 oder 121212 oder 111222 oder 2211, so waren es doch mehr als zwei Möglichkeiten. Sie spuckt auf ihren Zeigefinger, berührt damit die Druckknöpfe ganz sachte. Die Druckknöpfe glänzen, 1 Lon, 2 Notfall.

Das kalte Abendbrot steht fertig im Kühlschrank. Sie muß nur hinüber in die Küche laufen und kann dabei, wenn sie will, den Spiegel ignorieren. Das Abendbrot ist reichhaltig, besteht aus verschiedenen Wurst- und Käsesorten und ist mit Ei, Tomate und Petersilie garniert. Wenn sie will, kann sie in der Küche am kleinen Tisch sitzen und dort essen. Brot, verschiedene Sorten, schon geschnitten, liegt staubfrei verpackt im Korb. Der Korb steht auf dem Eisschrank. Sie kann aber auch im Wohnzimmer am Eßtisch essen. Servietten benutzen und Saft in ein kristallenes Glas gießen. Wenn sie will, sieht der Spiegel den Fleck, den sie beim Eingießen auf den Tisch macht, die Brotkrumen an ihren Mundwinkeln, die runde kauende Backe kann und darf er gar nicht übersehen! Es ist alles gerichtet, sie muß nur aufstehen, den Hörer auf die Gabel legen, für sie ist gesorgt, alles ist gerichtet, aufs beste für sie vorbereitet, aufs beste, auf das allerbeste. 1 Lon, 2 Notfall.

Die Eins und die Zwei sind getrocknet. Zitha rutscht aus dem Zweisitzer. Das Leder entwickelt hinter ihr seine ursprüngliche Form. Duschen und schlafen. Großer Spiegel, du bekommst nichts zu essen. Nicht einen Krumen kriegst du mehr umsonst. Flachmann/ der. Flachfrau/ die, weibliche Person Einzahl, in männlich Einzahl, oder der flache Spiegel gibt einer weiblichen Person ein nach Aussehen und Herkunft entsprechendes Bildnis zurück. Inhalt: Der Spiegel, männlich, eine Erfindung, gedacht zum Zwecke des Sich-selbst-Betrachtens, benötigt andere Gegenstände, Menschen, um tätig zu sein. Dieser Spiegel reicht von der Decke bis zum Boden und wurde von der Putzkolonne gereinigt. Glasklar vergrößerte er den Raum. Zitha huscht vorbei, so schnell sie kann, und lächelt dabei. Nacher, wenn ich nackt bin, mein Lieber!

Das Wasser trifft kühl und hartgepreßt über die Haut, Seife, um den Tag, die Sonne zu erweichen, Augen schließen, der Tag brennt bis zum Abend Löcher in die Augen. Fang auf den Taumel! Fang ihn auf, nicht fallen, die Treppe herab im hellblauen Kleid wie ein kleiner Himmel aus den Wolken! Greif nach einem Geländer, da hast du Halt! Greif mit geschlossenen Augen (Kacheln werden dich berühren)! So kühl, wenn du ihn wagst, den Schritt abwärts, ohne dich zu erinnern, brodeln wird es, kreisen, wirbeln wird es. Zu deinen Füßen wird es wirbeln. Und niemand weiß, was bleibt. Ohne sich zu erinnern? Es ist doch wert anzuhalten, sich wiederzufinden nach all den Jahren, wenn man sie hat, die Jahre! All die Erinnerungen, in denen man sich selbst begegnet, in dem und dem Gesicht. Gesicht! Gesicht! Gesichtswäsche! Wessen Gesicht unter dem kühlen Brunnen, den nadeldünnen Wasserdrähten? Lächle! fein geschminkt warst du in der Menge! die Sonne hat's versengt, mein eigenes stumpfes Lächeln, gerade am Anfang ist es noch, und schon schmiegt es sich, vom Wasser zurückgedrängt, zurück: auf mein Gesicht, das Lächeln.

Das ist nicht umsonst, nicht und niemand, nur das eigene Gesicht hat es wieder erkannt, hat es wieder angenommen, noch ein wenig ungewohnt, mit der entsprechenden Vorsicht, es ist auch nicht geschminkt, ist ohne Erinnerung, ist ohne daß es Erinnerungen wachruft – in jemand.

Der rote Knopf deutet, wenn er rot aufleuchtet in der Duschkabine, die Nachbarfliesen werden heller, daß das Telefon leutet, Lon ist dran. Am Spiegel kann sie ungehindert vorbei. »Zitha, ich möchte Sie besuchen, wenn Sie mit dem Duschen fertig sind.« Woher weiß er das? Er weiß immer, was sie tut. »Ich komme in einer halben Stunde vorbei, und essen Sie etwas!« Zitha hat keinen Hunger.

Lon klingelt, Zitha drückt auf eine praktische Taste, die Lon anzeigt, daß sie ihn erwartet, Lon kommt herein, hat auf einem kleinen Wagen alle möglichen Geräte, die Zitha kennt. Die Schuhe stehen im Weg. »Ich habe Ihnen etwas Unterhaltung mitgebracht.« »Fein«, sagt Zitha und rollt zum Blutdruckmessen den Ärmel hoch. Lon mißt. »Das war ein aufregender und anstrengender Tag für Sie, nicht wahr?« fragt Lon und sieht ihr aufmerksam ins Gesicht, »wir wollen ihn noch gemeinsam besprechen, wenn es Ihnen recht ist. Ich habe das Anschauungsmaterial mitgebracht. Sie haben noch nicht gegessen, darf ich Ihnen dabei Gesellschaft leisten?«

Das Tischtuch ist glatt, lag glatt im Schrank. Blaue Papierservietten, weiße Teller mit feinem Goldrand, Besteck, vielleicht ist es modern, um das zu bestimmen, bräuchte sie mehr Vergleiche, Zitha hat zwei Vergleiche für Besteck. Sie wird mehr bekommen.

*

»Auf Ihr Wohl, auf Ihre Zukunft!« Phila schaut in braune Augen, hebt ihr Glas und trinkt mit ihrem Gast. »Mögen Sie uns lange mit Ihrem Können und Ihrem Talent erfreuen.« Die Augen bleiben gefühllos, während der Mund Gewohntes spricht. »Ich bedanke mich für Ihren Toast, Herr Sallust, und weiß Ihre Wünsche zu schätzen«, Phila wendet sich einer blonden Dame zu, die ebenfalls mit im Kreis steht: »Ich habe leider noch keine Gelegenheit gehabt, mir Ihren letzten Film anzusehen, aber ich habe darüber gelesen. Stimmt es, daß Nicolas das Handtuch werfen wollte?«

»Ach Phila, Sie wissen ja, wie das ist, die Presse verunstaltet so manche Geschichte, daß man sie gar nicht wiedererkennt, selbst wenn man dabei war. Die Sache war die:

Wir fuhren zu Außenaufnahmen. Alle waren pünktlich. Sogar Gert war da, stellen Sie sich vor, eine Minute vor der Zeit, bei dem Talent, zu spät zu kommen. Nicolas freute sich, daß alles so gut klappen sollte. Wir wollten die Höllenfahrt, da wo das Paar merkt, daß die Bremsen nicht funktionieren, drehn. Vorher sollte noch das Picknick drankommen, wo dann ein paar Wanderer vorbeikommen und bei dem Paar Rast machen, darum mußten so viele Schauspieler und alle anderen mit, da kommt Selma gerannt und sagt: Nicolas Telefon! Es war der Produzent, da drüben steht er, Sie kennen ihn ja, na und der hat ein wenig länger am Telefon gequasselt. Nicolas kam aus dem Büro, wir standen schon eine Weile rum, da hat Nicolas sich seine Jakke von den Schultern gezogen und hat sie so auf den Boden gepeitscht, aber ohne sie loszulassen. Jetzt waren wir nämlich doch spät dran. Da stehn aber immer ein paar von der Presse herum und warten, ob sie etwas erwischen. Jedenfalls, das ist daraus geworden.«
»Ach Hella«, lacht Phila, »was die immer aus uns machen.«

»Phila, wie war denn dein letztes Engagement? Hattest du denn überhaupt Zeit, dir Toronto anzusehen? Oder hast du nur gearbeitet?«

»Natürlich hatte ich an einem Abend Zeit auszugehen, Flam, aber du weißt doch selbst, wie das ist, die Rolle erfordert den ganzen Einsatz, wenn man das Einstudieren und alles andere, Öffentlichkeitsarbeit, Besuche, Pressekonferenz dazuzählt, das summiert sich. Meine Französischkenntnisse sind auch nicht die besten, ich mußte Stunden nehmen, Tanzkurs im Schautanz, ich weiß im nachhinein gar nicht mehr, wieso ich mir das leisten konnte, mir an einem Abend Toronto anzusehen.« Die Runde um Phila lacht. »Ach, es ist schön, dich eine Weile hierzuhaben. Gut, daß wir den Film zusammen machen«, ruft Flam aus.

Marc kommt hinzu und legt Phila den Arm um die Schulter. »Und außerdem hat Phila hier einen Heimbonus, nicht wahr, Phila?« sagt er. Phila lacht aufgeregt: »Ja richtig, ich bin, was bin ich eigentlich? Ich bin eine – « »Eingeborene«, fällt Hella ins Wort, »... eine Hiesige, ein Mädchen vom Land«, sagt Phila. Ihre Hand hält sich am Glas fest, damit sie nicht zittert.

»Ich muß euch Phila für kurze Zeit entführen«, sagt Marc, »die anderen wollen auch noch etwas vom Star haben. Herr Finkgast hat mich gebeten, ihn dir vorzustellen, scheint sehr an dir interessiert zu sein. Er ist offensichtlich ein hohes Tier, das seinen Einfluß geltend gemacht hat, sich heute in unserem intimen Kreis bewegen zu dürfen.« »Marc, du bist schamlos in deinem Spott, also stelle mir den Herrn vor, vielleicht bringt es etwas, mit neuen Gesichtern zu reden.« Marc: »So, du redest von Schamlosigkeit, hörst du dir zu, wie du über alte Freunde herziehst? Komm, laß uns vorher an einen ruhigen Platz sitzen, ich möchte mir sagen können, fünf Minuten gehört sie mir ganz allein.«

Marc und Phila finden einen kleinen Zweiertisch. »Im Ernst, Marc, was ist das für ein Mann, der Herr Finkgast? Kennst du ihn? Wie sieht er aus? War er beim Essen schon da?«

Marc ergreift über den Tisch hinweg Philas Hand und sagt zärtlich: »Liebes Mädchen, ich habe dich zwar im Fernsehen bewundern dürfen, ich habe dich im letzten und in allen deinen Filmen gesehen, ich habe dich vor vierzehn Tagen in Toronto gesehen, vor ein paar Stunden auf dem Flugplatz und anschließend im Appartement, aber ich muß gestehen, du bezauberst mich heute.«

Phila rollt amüsiert mit den Augen: »Heute?«

»Heute wieder. Nein, Phila, im Ernst, du siehst wunderschön aus, du bist richtig in die Rolle hineingewachsen. Wenn ich mir vorstelle, daß du auf Wiesen und Äckern und in einem ganz kleinen Dorf großgeworden bist, es ist kaum zu glauben. Die strahlende große Diva, die weiß, wie man sich bewegt, was man tut, vor allem, wann man es tut und wann nicht.«
Phila tut verwundert: »Was?«
»Konventionen, du weißt schon, und wann sie überflüssig sind, ja sogar schlecht ankommen, weil sie Besonderheiten ausschließen. Dich mögen sie! Die Leute sind verrückt nach dir. Du erfüllst ihre Träume.«
Phila murmelt: »Ich bin müde.«
»Kannst du es noch ein klein wenig mit mir aushalten? Du weißt, ich muß dich in ein paar Minuten vorstellen.«
»Ich bin es müde, anderen Träume zu erfüllen, ich muß dabei soviel arbeiten«, Phila zuckt mit den Schultern und zieht ihre Hand unter Marcs Hand näher zu sich.
»Und wirst dabei nicht arbeitslos. Das ist doch ein gesicherter Job«, wirft er hin.
»Gesichert? Nein, das ist er nicht. Die Leute wollen immer bedient sein, dabei soll ich, sofort erkennbar, die immer geliebte Traumperson sein, ich soll aber auch täglich neu sein, wie soll ich das schaffen? Ich darf nicht einmal, ohne vorher meine Berater zu fragen, meine Frisur verändern, es könnte sein, daß die Fans das gerade zu dem Zeitpunkt nicht ertragen. Und du weißt, wieviel daran verdienen, daß ich den Leuten Träume erfülle. Ich möchte zu dir sagen können: Ich habe keine Zeit mehr, mir meine eigenen Träume zu erfüllen.«

Marc wirkt nachdenklich. »Wie lange hältst du noch durch?«
»Diesen Film bestimmt noch, vielleicht auch den nächsten.

Wenn man einen Ausweg hat, ist es leichter.«
»Du hast doch einen Ausweg, aber ich weiß, unter der von dir erwähnten Gefühlslage ist es trotzdem nicht angenehm. Aber Auswege gibt es. Einen hast du bestimmt.«
»Welchen? Aussteigen? Und der andere ist noch nicht soweit.«
Marc beginnt hoffnungsvoll: »Wir könnten verreisen . . . aber ich habe vergessen, du bist immer auf Reisen. Hoffentlich fühlst du dich hier zu Hause.« Er nimmt ihre Hand.

»Ich werde dich jetzt vorstellen, sei vor ihm auf der Hut, mir sind Menschen mit zu großem Einfluß nicht ganz geheuer.«
»Wie sieht er aus?« fragt Phila.
»Oh, ziemlich elegant gekleidet«, meint Marc. »Er trägt schwarze Schuhe, schwarze Socken, nein Spaß beiseite: Er ist mittelgroß, hat graue wißbegierige Augen, er schätzt alles ab, er weiß gut Bescheid, zum Beispiel, daß du Urlaub brauchst, daß du ein Haus in Florida hast und ein kleines schnuckeliges Häuschen in der Schweiz, seine Stimme ist zurückhaltend, aber befehlsgewohnt, verlieb dich also nicht in ihn, es würde dir nicht gut bekommen, seine Hände: groß genug, aber nicht großzügig, auch nicht grobschlächtig, eine mittlere Hand, keine sensibilisierte, keine ganz harte Hand. Die Haut ist gepflegt wie die Fingernägel, der Hals ein wenig starr. Ich würde sagen, vordergründig gut einstudierte Figur mit grauem Haar. Mund fest. Komm jetzt, geben wir unser trautes Plätzchen auf.«

Phila nimmt noch einen Schluck aus dem Glas und steht dann auf. Marc und Phila nähern sich einem Herrn in dunklem Anzug. Als er Phila die dargereichte Hand drückt, hat er sie bereits fertig angesehen. »Gnädige Frau, ich bin entzückt, Ihre Bekanntschaft machen zu dürfen. Auf diesen

Augenblick«, die Augen sind stahlgrau mit einem dünnen schwarzen Kranz, »habe ich«, er wirkt größer als er ist, das kommt von der geraden Haltung, »lange gewartet«, sein Oberkörper beschreibt einen kleinen Bogen nach vorne und schnellt zurück, ohne daß sich Hals und Kopf selbst bewegt hatten. »Darf ich Ihnen«, er greift in seine Rocktasche, »der ich schon lange ihr Verehrer bin«, ob er jetzt lügt? Was will er damit sagen? »ein kleines Geschenk aus Freude an diesem gelungenen Abend«, das wußte er doch nicht vorher, »und um meinen Dank für die Einladung«, der Herr hat die Einladung, soviel sie von Marc weiß, doch selbst mitbetrieben, »auszudrücken«, seine Hand kommt zeitgleich mit einem Etui aus der Jackentasche zum Vorschein, »überreichen?« Er klappt das Etui auf, eine kleine Verzögerung, eine Pause, »Ich hoffe, es gefällt Ihnen, und Sie werden es gerne tragen, es ist ein Januskopf«, sein Zeigefinger liegt gekonnt auf dem aufgestellten Deckel des Etuis.

Auf weißer Seide: der weiße Schmetterling. Es ist Email auf Gold. Der Körper des Schmetterlings ist der in ein langes schmales Kleid eingehüllte Körper einer Frau. Laufen die Füße spitz zu, so sind die Arme golden ausgestreckt, verästeln sich, das weiße Email vielfach durchbrechend, bis hin zur Darstellung ausgebreiteter Flügel. Ein Flügel ist in Gelbgold, der andere in Weißgold ausgeführt. Die Flügelränder sind als Profile von Gesichtern gearbeitet, der äußere Profilrand mit kleinen Brillanten besetzt, was dem Schmetterling einen strahlenden Rand, eine Verzierung gönnt. Am oberen Teil der Flügel ist ein Auge, fein von Goldadern gebildet und mit einem Stein besetzt, eingearbeitet. Der Unterschied liegt in den Flügelrändern. Ist der Weißgoldflügel in seinem Profil leicht nach Verschlossenheit aussehend, vielleicht auch etwas hart, so ist der Gelbgoldflügel ganz in seiner strahlenden Aussage erschlossen. Ist das eine Auge weit offen, so scheint es, als ob das andere sich im Halbschlaf befindet.

Phila meint, sich im Schmuckstück wiederzuerkennen. »Was für eine schöne Arbeit«, sagt sie mit überraschter und hellwacher Stimme. Herr Finkgast dreht das Schmuckstück um. »Sehen Sie, das mit den Flügeln scheint nur eine Übergangsphase zu sein«, sagt er. Die dargestellte Frau ist nur noch als schlafende Gesichtsmaske kenntlich ohne sichtbare Gefühle, die Flügel fest um sich geschlungen, liegt sie auf weißer Seide. Die Maske trägt deutlich Philas Gesichtszüge.

»Was für eine Idee«, sagt Phila heiser. Marc sieht äußerst interessiert auf das Schmuckstück. Herr Finkgast reicht Marc das Etui: »Halten Sie es einen Moment?« und zu Phila gerichtet: »Darf ich es Ihnen um den Hals legen? Ich sehe Sie sehr überrascht, das freut mich!«

Philas Hand schützt für einen Moment ihren Hals, instinktiv macht sie einen Schritt zurück. Wachsam betrachtet sie die geplante Einvernahme. Sie sieht sich suchend um. »Da habe ich doch irgendwo einen Spiegel gesehen. Ich meine das herrliche Stück«, Herr Finkgast steht mit hellwachen Sinnen vor ihr, »das herrliche Stück kann nicht zusammen mit einem anderen Schmuck getragen werden«, sagt sie.

»Es muß an Ihrem Hals sehr wirkungsvoll aussehen«, sagt Herr Finkgast. Marcs Gesicht ist über den Schmetterling gebeugt, »Darf ich es einmal herausnehmen?« Er läßt das Schmuckstück dann aus Angst, es fallenzulassen, doch im Etui. Nachdenklich fährt sein Finger über das kühle Email.

Phila geht zu einem Philodendron, den sie doppelt sieht, dreht sich um, sie hat ihre Stärke wiedergewonnen. »Da ist

ein Spiegel, Herr Finkgast, machen Sie mir den Verschluß des Colliers auf?« Ihre Blicke treffen sich gleichrangig im Glas.
Marc schlendert heran. »Hältst du mir das Collier Marc? Du weißt, ich hänge sehr daran.«
»Diese Arbeit, Sie mußten sie doch arbeiten lassen? Sie haben dieses Stück, es trägt Philas Züge, nicht im Schaufenster gesehen?« fragt Marc. »Ist die Idee von Ihnen?« fragt Phila.

Herr Finkgast antwortet hinter Philas Kopf, auf gleicher Höhe mit ihr stehend und im Glas weiter Phila beobachtend. »In der Tat, ich habe es bei einem Könner seines Fachs, einem Juwelier, der die besten Leute beschäftigt, nach Zeichnungen machen lassen.«
Phila sagt: »Das muß doch seinen Preis haben. Das Schmuckstück ist allein von der Arbeit her, die darin steckt, viel wert.«

Herr Finkgast nickt. »Das ist mir der Abend und unsere Bekanntschaft auch wert, gnädige Frau.« Phila entgeht der bedeutungsvolle Unterton nicht. »Und ich mußte, da ich nicht ganz soviel Talent besitze wie Sie, gnädige Frau, Anleihen an Ideen machen, um ihre Frage danach zu beantworten. Darf ich Sie jetzt schmücken?« Er greift ins Etui, nimmt den Schmetterling in die hohle Hand. Und er weiß, daß ich ihn dabei beobachte, es ist ihm recht, daß ich das tue, denkt Phila. Unter der Seidenlage liegt eine feste Kette aus gelbem Gold. Er fädelt die Kette geschickt in den Schmetterling und legt das Schmuckstück zart um Philas Hals, ohne die Kette zu befestigen.

»Nur damit Sie sehen, wie zauberhaft Sie aussehen«, dann dreht er das Schmuckstück um, so daß das verschlossene Wesen inmitten einer Blüte zu liegen kommt, »Sie können wählen, ganz wie sie sich fühlen, wie fühlen Sie sich jetzt?«

»Wunderbar«, sagt Phila. Das Schmuckstück dreht sich auf die Seite der ausgebreiteten Flügel. »Wunderbar, aber ich kann dieses herrliche Stück nicht annehmen, es sei denn, Sie erlauben mir, Ihnen ein wichtiges Souvenir aus Asien zu schenken.«

Herr Finkgast verbeugt sich in seiner knappen Art. »Da darf ich wohl nicht ablehnen, Gnädigste, denn ich möchte wirklich, daß Sie das Geschenk behalten.« Er schließt die Kette. Er möchte wirklich nicht, daß ich mich in Sicherheit wiege, denkt Phila. Aber schuldig bleibe ich ihm nichts.

»Da seid ihr ja!« Putzi kommt mit Riesenschritten, »Wo steckt ihr bloß?« heran. Marc stellt Putzi als Theo Malheim »und lieber Putzi, das ist Herr Finkgast«, vor, »und schau doch, was unsere Freundin für ein schönes Geschenk bekommen hat, von Herr Finkgast, wir haben es gerade anprobiert.«

Putzi schaut zweimal eilig hin und hat noch nichts erkannt, außer daß es sich um einen Schmetterling handeln könnte, um einen weißen. »Ist das wegen Philas Lieblingshotel?« fragt er. »Sehr, sehr wirkungsvoll, ihr Lieben, die Leute von der Presse warten, Phila, die Konferenz! Kommst du? Es dauert nicht länger als eine halbe Stunde.«

Herr Finkgast macht seine knappe Verbeugung: »Gnädige Frau, würden Sie mir die Freude machen, nach der Konferenz mit mir ein Glas Sekt zu trinken?« »Sie haben mir die Worte vorweggenommen, und danke, ja«, sagt Phila, von Marc und Putzi umrahmt, eilt sie weg.

Nicolas ist schon da, er steht auf, als Phila, von ihren Freunden begleitet, kommt. Blitzlichter flammen, Kameras surren, verbinden sich mit dem Scharren der Stühle, Phila nimmt neben Nicolas Platz, der Schmetterling wirft Licht auf die Blitze, ich habe vergessen, den Schmuck zu tauschen, wo ist Marc? Sie neigt den Kopf würdevoll, so als könne sie jetzt ihre Entschuldigung anbringen, daß die vielen Damen und Herren der Presse haben so lange warten müssen, und leider müsse sie um einen weiteren kleinen, aber nur Sekunden dauernden Aufschub bitten, denn sie wolle anderen Schmuck tragen, weil sie diesen doch nur probiert habe, diesen habe sie nicht zu diesem Kleid gewählt, aber sie entschließt sich dann, das Neigen des Kopfes als Begrüßung zu verwenden und entschuldigt sich nicht.

Einige Schauspielerkollegen sitzen mit ihr und Nicolas vor der Schar der Journalisten und warten auf die ersten Fragen. Später wird sich feststellen lassen, daß es die immer gleichen Fragen und Muster sind, neu sind die Filme, um die es geht, bis auf eine Frage aus den hinteren Reihen, »Frau Berg, was machen Sie mit den ganzen Millionen, die Sie verdienen? Man sagt, Sie leben relativ bescheiden.« Phila antwortet mit einem charmanten Augenaufschlag: »Bescheiden? Ich lebe gerne, und wie ich gerne lebe, das kostet meine Millionen, auch wenn es relativ bescheiden wirkt, das ist es ja gerade, was Geld kostet. Ich erfülle mir Wünsche, das mache ich.«

»Haben Sie kein soziales Engagement?« stößt eine weitere Frage nach. Phila läßt einen Augenblick verstreichen, bevor sie antwortet: »Doch, in Biafra, ich unterstütze dort eine Dorfgemeinde, aber ich rede nicht davon, außerdem sind meine Angestellten sehr mit mir zufrieden, was man nicht von allen Arbeitgebern sagen kann, auch das sehe ich als soziales Engagement an.«

»Sie waren zwei Jahre nicht mehr in ihrer Heimatstadt, was berührt Sie dabei?« »Ich bin gerührt«, sagt Phila ungerührt.
»Wie lange werden Sie bleiben?« »So lange ich kann«, lächelt Phila in die Gesichter.

Noch eine Frage und noch eine Frage, der Schmetterling erwärmt sich auf Philas Haut. Das Gold wird zuerst warm, dann das Email und zuletzt die Steine, denkt Phila.

Steine als Schmetterlingsflügelsaum, was das wohl bedeutete, der Mann wußte, was er wollte, also bedeutete auch das etwas. Die Wirkung war durch die Steine eher hell und transparent. In Wirklichkeit müßten Steine am Flügelsaum den Schmetterling am Boden binden, das Email war nur Farbe, sollte nur Farbe sein, der Flügelsaum aber ihr Profil, das Profil aus Steinen, edlen Steinen, von Herrn Finkgast gewollt, daß es aus Steinen sei, ein versteinertes unbewegliches Gesicht, eines, das nicht lachen, weinen, sich verziehen, fröhlich sein, sorgenvoll sein, eines das nicht altern konnte. Ein Gesicht, das, falls es nicht verloren ging, unsterblich war.

Die Konferenz war zu Ende, Marc, der im Hintergrund gestanden hatte, kam auf Phila zu und sagte: »Das nenne ich schnelles Reagieren, du sagst die Wahrheit, ohne die Unwahrheit zu sagen, obwohl es vielleicht manchmal auch bei dir so etwas wie Unwahrheit gibt.« Marc ist fröhlich gestimmt, die Gäste stehen wieder plaudernd in Gruppen und bei den Getränken.

Klominge, der Produzent, hält seinen dicken Leib in eine gutgelaunte Runde, aus der ihm alle zuprosten. Als Phila, von Marc gefolgt, vorbeikommt, faßt er sie um die Hüfte, zieht sie kurz zu sich heran und küßt sie fest auf die Wange, »Mein Sterntalermädchen, mein Goldeselchen«, er

sagt es leise an der Wange vorbei in ihr Ohr.
Zwischen Glückwünschen und Wie-geht-es-Ihnen-Gesprächen bittet sie Marc, die graue Perle aus der Andenkenkassette (du weißt schon) zu holen.

»Wir haben Sie doch nicht zu lange warten lassen?« Finkgast steht auf, um Phila den Arm zu reichen, »Aber nein, ich habe mich gut unterhalten«, sagt er frohgelaunt, »die Pressekonferenz war über Lautsprecher mitzuverfolgen.«

Marc sagt: »Ich muß mich noch um ein paar Leute kümmern, wenn es spät wird, Phila, darf ich dann bei dir noch klopfen? Phila beruhigt ihn: »Du darfst zu jeder Tages- und Nachtzeit klopfen, Marc, das weißt du doch.«
»Also dann, ich wünsche einen schönen Abend, Herr Finkgast, bitte entschuldigen Sie mich.« Phila und Herr Finkgast sehen Marc nach, wie er sich, hier und dort einen Gruß entbietend, in Richtung Produzenten entfernt.

»Wir gehen in die Bar«, sagt Phila, und sie sagt: »Ich trage Ihr Schmuckstück noch, sehen Sie? Es hat mir geholfen, die Konferenz gut zu überstehen.«

»Das habe ich selbstverständlich bemerkt, ich hatte es gehofft, Frau Berg. Das zeigt mir, daß sie sich nicht fürchten, eine gute Basis«, Herr Finkgast sagt dies, als wolle er weitersprechen, unterläßt es dann aber abwartend.

»Ich möchte mich«, sagt Phila und nimmt ihr Glas hoch, über ihren Mund steigt die Kohlensäure zur Oberfläche, »recht herzlich, nein, ich möchte sagen überrascht«, die Kohlensäurebläschen zerplatzen an der Luft, »und warm bei Ihnen für das seltsame«, seltsam ist, daß aus nicht sichtbarem Grund weitere Bläschen aufsteigen, über ihren Mund heraufrieseln, »Geschenk bedanken«, die Bläschen zerplatzen vor ihren Augen, sie hebt das Glas ein wenig höher, um anzudeuten: auf Ihr Wohl, »auf Ihr Wohl, Herr Finkgast!«. Herr Finkgast verschluckt sich fast an der von Phila unbemerkt in das Sektglas gelegten grauen Perle. Herr Finkgast fingert erschrocken in seinem Mund, halb von Phila abgewendet, legt er die vermeintliche Zahnplombe auf ein Taschentuch, um diese von Phila unbemerkt ins Jackett stecken zu können.

«Keine Angst, es ist mein Geschenk an Sie«, sagt Phila. Ihre Augen zeigen sich amüsiert.

*

Sie ist hinter keinem der Fenster sichtbar. Das Flugzeug schwimmt wie Quecksilber im Bildschirm. »Haben Sie sich die Frau so vorgestellt?« fragt Lon.

Da im unruhigen Silber, verschobene Fenster, dahinter vielleicht ein Stück Stoff, das sich als ihr Kleid erweisen wird, gleich wenn sie herauskommt, habe ich zuerst mit ihr Verbindung aufgenommen vor allen anderen.

Das ist jetzt nicht mehr möglich, das ist ein Film, jetzt ist schon nachher, ich habe nichts gesehen. Im Flugzeug ist es vielleicht kühl. Es wird ihr guttun, wenn sie herauskommt, wird sie es heiß haben wie ihre Verehrer, wie alle Leute, die auf sie gewartet haben. Ich verschiebe die Zeiten. Es war! Im Bildschirm ist ›Jetzt‹, meine Augen sehen nochmals. Ein Jetzt aus der Vergangenheit, eine gute Erfindung. Die Treppe wird ins Quecksilber geschoben, ob sie sich auch verflüssigt? Wenigstens an der Paßstelle könnte sie sich verflüssigen. Die Treppe ist weiß, sie verflüssigt sich nicht, bleibt kühl. Lon hat etwas gefragt.

»Das kann ich jetzt nicht mehr sagen«, sagt Zithas Stimme. Lon fragt, ob es mir sehr unangenehm gewesen ist zu warten so in der Hitze, nachdem ich klimatisierte Räume gewohnt bin.

Der ganze Flugplatz mit dem vielen Weiß, Stewardessen kommen heraus, SIE kommt, jetzt versäumt sie hierherzukommen, zurückzukommen, sie versäumt, ihre Vergangenheit zu begrüßen, da steht sie! Sie ist viel näher als am Nachmittag, das blonde Haar wird von keinem Lufthauch bewegt.

»Ist sie wirklich mit mir verwandt?« »Ja, wir glauben das«, sagt Lon. »Wie nah verwandt?« »Können Sie sich an nichts erinnern?« fragt Lon. »Ist sie meine Kusine? Meine Schwester?« »Wir werden die genaue Bestimmung finden«, sagt Lon und schreibt die Werte, die er von kleinen Monitoren, an die Zitha angeschlossen ist, abliest, in ein kleines Notizbuch.

»Kennt mich die Frau, kann sie sich an mich erinnern?« »Das sind zwei Fragen«, sagt Lon. »Es kann sein, daß sie Sie kennt, ohne sich zu erinnern. Zum Erinnern gehört, daß Erlebnisse, möglichst keine alltäglichen, festgehalten werden können, zum Kennen und Kennenlernen gehört viel Zeit. Sie haben gesehen, die Dame hat wahrscheinlich wenig Zeit«, sagt Lon, »vielleicht hatte sie nie viel Zeit.« »Weiß sie schon etwas von mir?« »Ja«, sagt Lon.

»Könnten Sie mich mit ihr zusammenbringen, ich meine, sie kann mich ansehen, dann erinnert sie sich vielleicht an mich.« Lon sagt: »Vielleicht, vielleicht auch nicht, nicht wahr?«

– · –

Er lächelt eines der wenigen Male. »Es könnte immerhin sein, daß wir dazu etwas Zeit brauchen, um Erinnerungslükken zu füllen. Sie müssen das wie eine Brücke sehen. Eine Brücke über sumpfiges Gebiet, in das man einsinken könnte. Man müßte sich bemühen, voranzukommen. Letztendlich fehlt einem dann durch den hohen Energieverbrauch die Kraft, die schwierigsten Stellen zu überwinden oder sich aus dem Sumpf zu ziehen. Man versinkt. Jetzt stellen Sie sich vor, zwei Personen sind es, die sich selbst und den anderen zu finden wünschen. Es könnte sein, daß eine Person dem Abenteuer nicht gewachsen ist und untergeht.

Die ganze Anstrengung wäre umsonst, sie fänden sich nie mehr, der verbleibende, überlebende Teil des Abenteuers müßte aber auch wieder auf sein Gebiet zurück. Eine Anstrengung, die auch er kaum überleben könnte, nicht nach dem Verlust, daß er sein Gegenüber nicht findet, von dem er nur weiß, daß es existiert, aber nicht in welchem Zustand es existiert, in welcher eigenen Welt, in welcher Vergangenheit. Ist der Sumpf von einem der beiden oder gar von beiden überwunden, so wissen sie nicht, wie es dem anderen geht, ob es sich noch lohnt. Vor ihnen liegt aber, nach den erlebten Strapazen zuerst als angenehm empfunden, ein Trümmerfeld: Wenn sie einen der riesigen Steine hinaufgekrochen sind, liegt der nächste, vielleicht noch schwierigere da und noch einer, das Trümmerfeld glüht, die beiden verdursten vielleicht. Nur Steine, Steine soweit das Auge reicht. Etwas hat irgendwann da eingeschlagen, ein Meteor? Vielleicht ist dort die Erde unruhig gewesen, und alles ist aufgeworfen worden und zerborsten. Wenn dieses Trümmerfeld überwunden ist, stehen die beiden oder einer allein, jeder auf seinem Rand eines Abgrundes usw. usw.

Sie sehen, das Ganze will durchdacht sein, und wir wollen vorsichtig damit umgehen«, sagt Lon.

– · –

Der Erwarteten Mund, auf dem Bildschirm in seiner ganzen Zeichnung zu sehen, entwickelt, zum Verteilen an alle gedacht, ein Lächeln.

Kamera zwei fängt in die Luft gestreckte Arme auf. Taschentücher verwirren Taschentücherfarben, der Lautsprecher schreit vielstimmig, Phila, Phila, Blende, ein Sprecher sagt, daß heute der vielgerühmte Star nach langer Abwesenheit den Boden seiner Heimatstadt betritt, der Herr Bürgermeister, was denkt er zu dem besonderen Ereignis? die gute Tochter, große Freude, wir sind, weite Armbewegung, alle angetreten zur Begrüßung, wir hoffen, daß, wenn sie genug von der weiten, weite Armbewegung, weiten großen Welt genug hat, sie sich bei uns niederläßt, erwartungsvolle Augen in die Kamera, Blende, Frau Berg, könnten Sie sich vorstellen, vielleicht nicht jetzt, aber in ferner Zukunft hier . . . das blaue Kleid kühlt den Flugplatz.

»Aber wenn sie sich gleich erinnern würde. Das wäre doch gut!« »Aber das wissen wir nicht«, sagt Lon. »Können Sie sich denn an gar nichts erinnern? Eine kleine Begebenheit, etwas Unscheinbares, inzwischen unscheinbar durch die Zeit so Gewordenes? Kommt Ihnen etwas an ihr bekannt vor?« fragt Lon. Lon fragt Zitha, Zithas Fragen.

Zitha erregt sich bei Szene zwei und vier, schreibt Lon in sein Buch. Sie erregt sich heftig bei der Szene, in der Person EINS aus dem Flugzeug kommt und, nachdem diese sich die Sonnenbrille aufgesetzt hat, die vielen Leute begrüßt. Blutdruck, EKG, Gehirnwellen, Sinneseindrücke und Reflexe sowie Hautoberflächenveränderungen geprüft und gesondert gespeichert. Einbrechende Alphaströme bei Szene drei und sechs. Erhöhte Sensibilität.

»Wir wollen die Tatsache, daß vielleicht eine mögliche Verwandtschaft zwischen Ihnen und der heute angekommenen Dame besteht, nicht ausschließlich zum Vordergrund unserer Überlegungen machen. Das ist, um dessentwillen es Ihnen geht, zu schade. Übereilung kann wirklich schaden! Glauben Sie mir! Bliebe die, ich gebe es zu, interessante Frage nach Verwandtschaft im Vordergrund, würde sie alle weiteren, vielleicht auch notwendigen, weil Erfolg versprechenden Forschungen zurückdrängen, und diese könnten dann, falls erster Grund, nämlich Frage Verwandtschaft oder nicht überwiegt, nicht mehr so gut aufgeholt werden, denn Sie wären so enttäuscht, falls sich dies als Fehlschluß erwiese, daß für längere Zeit an dem Thema nicht in der Folgerichtigkeit und Kontinuität weiter gearbeitet werden könnte, wie wir das jetzt tun. Vieles wäre zerstört, auch der Aufbau einer Identität«, sagt Lon.

In Reihe vier steht Zitha, rührt sich nicht in der unruhigen Menschenmenge, ist sie mit Lon zusammen eine Insel, die störend wirkt, abstrakter Ruhepunkt im aufgewühlten Meer, nahe am Versinken. Zithas Blick starrt an der Kamera vorbei, das war das verwegene Bild im schwarzen Wagen, ganz ungeniert waren wir vom Lack verbogen, von Spiegelungen verzerrt, das Meer braust auf, die Insel wird kleiner und kleiner, bis auf Zithas blondes Haar und Lons dunkles wird sie unsichtbar.

»Wir versinken in der Freude und der Aufregung, Lon. Wir gehen unter.« Zitha starrt mit entsetzten Augen auf den Bildschirm, »Haben Sie das gesehen?« Phila füllt das Bild, Großaufnahme, Sonnenbrille: »Sehen Sie doch Lon!«

Starker Erregungszustand mit hyperreaktionaler Bildbetrachtung in Begleitung mit eigenständigem Angstbildentwurf und Deutung der visionalen Sprache, optimale Erwartungsreflexion aus Wünschen bei Szene 34 mit entsprechenden Werten, siehe gesonderte Eintragung und Speicher, zur Weiterverarbeitung geeignet.

»Ja, ich sehe es«, sagt Lon. »Sie haben heute einen außergewöhnlichen Tag in Ihrer Geschichte erlebt«, sagt Lon und, »das muß anstrengend gewesen sein.« Er schaltet das Gerät aus. »Wir wollen darauf trinken, daß Sie so tapfer durchgehalten haben«, Lon schenkt die Gläser voll, »wollen wir uns noch ein wenig unterhalten? Was würden Sie jetzt gerne tun?«

»Ich möchte mich ausziehen und mich vor dem Spiegel betrachten«, sagt Zitha, »das hatte ich vor, bevor Sie mich angerufen haben.«

»Warum tun Sie es nicht?«

»Weil ich dabei allein sein will, ich dachte mir, heute könne entweder der Spiegel nicht lügen, und er müsse mir die Wahrheit sagen, oder ich würde sie bei mir finden.«

»Welche Wahrheit? Sie kennen die Lüge?«

»Der Spiegel stellt mich fast unsichtbar, jedenfalls flach oder körperlos dar«, erregt sich Zitha. »Ich wollte das heute ergründen.«

»Und jetzt?« fragt Lon.

»Jetzt, als zweites, möchte ich durch die langen Flure tanzen. Ganz leicht, so wie mich der Spiegel zeigt, körperlos oder fast körperlos. Tanzen an den vielen Abzweigungen vorbei, über die blankgeputzten Steinquader, über deren matten Glanz, mich schwerelos immerfort durch die hellen Flure tanzen und nichts wissen. Nur, daß ich in den Fluren forttanze ohne Ende, forttanze ohne Ende. Ich muß nicht ausruhen, weil ich nichts weiß, bin ich so leicht, und ich tanze. Ich bin müde.«

»Lon geht bald«, sagt Lon und sieht Zitha aufmerksam an. »Lon ist auch müde.«

Zitha nimmt Lons Ankündigung in dritter Person hin, ohne aufzumerken.

»Soll Lon Zitha zu Bett bringen?«

Zitha nickt.

Lon befreit Zitha von Sensoren unterschiedlichster Dikke und Farben. Sorgfältig zu einem dicken Strang gewunden legt er alles auf den Wagen und steckt das Notizbuch ein.

Es ist der einzige Raum, der in zarten Pastelltönen gehalten ist. Tapetenseide schimmert verhalten. Perlmutt, die Innenseite der Muschel, ein Regenbogenspiel. Das indirekte Licht läßt Falten sich werfen, Muster werden angemerkt, verdrängen die Flächen, unterstreichen ganze Zeilen, halbe Seiten stehen hervorgehoben, man muß sie sich merken, das gehört dazu, daß man darüber Wissen anhäuft, was da steht auf der Wand.

Da steht, daß nicht Morgen ist und nicht Tag, daß es nicht Nacht ist und keine Stunde vorübergeht. Hieroglyphen, zusammengesetzte, eine liegt waagrecht, eine versetzt darüber, genau in der Mitte der zwei, eine dritte und so fort, das ist nicht alles, wenn genug für den Hieroglyphenkreis gesetzt sind, legt sich ein Viereck, ein Dreieck darüber aus dem großen Kreis. Vierecke und Dreiecke warten darauf, daß man alles gesehen hat. Dann verlöschen sie, eine Hieroglyphe fängt wieder an. Man schafft es nicht an einem Tag, bis zum großen Dreieck zu kommen, manchmal braucht man viele Stunden, die sich als solche anzeigen, daß Lon anruft, um sie abzuholen, und sie lange vorher wachgelegen hatte, um einer einzigen Hieroglyphe in ihrer vollen Möglichkeit auf die Spur zu kommen, manchmal aber braucht man dazu auch mehrere Tage. Verliert man eine einzige, muß ganz von vorne begonnen werden. Wird einem schwindelig, versucht man sich einen Halt und Erinnerungspunkt zu merken, schließt kurz die Augen und ruht diese aus. Ist man vielleicht beim kleinen Dreieck angekommen, findet den Übergang in die nächste Stufe, und dann wird einem schwindelig, oder Lon ruft an, so merkt man sich die Dreieckstufe, wenn es geht.

Auf Lichtwürfeln kein Staub. Ungehinderter Durchlaß von Milchlicht in sonnen-mondfinsternisgefüllter Raummuschel. Eine Einbauwand, seidiger Lack, seidig bespannt. Der Lack ist nicht ganz bespannt. Haarbürste, Kämme, Puder unbenutzt, Lippenstift violett, rot, zinnober, hellrot, weinrot, rotbraun, verschlossen vor leerem Rahmen, Porträterwartung positiv, kein Bild, kein Brief in die Ecke geklemmt, zur ewigen Erinnerung Dein . . .

Lon läßt Zitha aufs Bett sinken. Die Vorhänge am Kopfende sind Zierde, bauschen sich zierlich, lösen die Falten auf, fallen zurück, haben gelebt, geziert, den Körper, das Fleisch in der Muschel. Lon entkleidet Zitha. Lon hebt ihren Körper an seinen, um am Rücken die Kleidung vorbeizuziehen, Lon nimmt die Decke unter Zithas nacktem Körper weg. Lon sieht. Lon deckt zu. Lon murmelt: »Bis morgen, Zitha, schlafen Sie gut«, und bekommt keine Antwort mehr.

Ansätze zur Identitätssuche festgestellt, d.h. die Identität wird vermißt (Zitha wollte sich an diesem Abend vor dem großen Spiegel betrachten), sie empfindet ihr Spiegelbild leer oder flach. Wegen starker Gehirntätigkeit wurden an diesem Abend Elementarbedürfnisse, wie essen, nicht beachtet. Zu später Stunde, nach Lektion, subjektive Wunschvorstellung in gewohnte Bereiche abwandernd. Genauere Untersuchung, inwieweit moralische Werte, siehe Szene 2 und 4 übernommen, einer Reflexion entsprechen. Genetische Inhalte bezüglich Werteentwurf möglich, schreibt Lon in sein Buch.

*

Es klopft. Marc steht vor der Türe. »Oh, Marc«, ruft Phila aus, »Hast du so lange ausharren müssen? Ich habe mich schon vor einer Stunde davongemacht. Komm herein.« Phila läßt Marc an sich vorbei. »Magst du noch einen kleinen Cognac mit mir trinken? Oder soll ich uns einen Mocca machen?«

»Mocca wäre gut, sehr gut, weißt du, Klominge hatte noch ein paar Fragen, die Produktion betreffend, mir schien aber, daß er nicht aufhören wollte zu feiern.« Marc schaut sich in den Räumen um. »Soviel Blumen!« »Es sind heute abend noch mehr geworden«, sagt Phila. »Möchtest du den Mocca stark?«
»Stark, ja ja, Mocca ist doch immer stark, das gehört sich so!« ruft Marc Phila nach, die zurück in den Wohnraum gegangen ist und sich an der Maschine zu schaffen macht.

»Was suchst du Marc?« »Nichts«, sagt Marc, der leise hinter Phila getreten ist, »ich habe doch alles«, und streichelt Phila an den Schultern. Phila dreht sich um und schmiegt sich an Marcs Brust, »Gut, daß du da bist.« Der Mocca stottert in schwarze Tassen.

»Weißt du«, murmelt Marc in ihr Haar, »dein Haar duftet gut. Wenn Not am Mann ist, kannst du mich immer erreichen. Ich bin immer für deine Sorgen da. Oder wenn du alleine bist.«

Die Maschine spuckt Schaum aus. Der Schaum dreht sich auf schwarzem Untergrund. Phila löst sich, »Ich bin froh, daß du das sagst, weißt du manchmal, wenn ich irgendwo in der Welt meine Arbeit mache, fehlst du mir trotz der Ablenkungen. Vielleicht Zucker?« »Viel Zucker«, sagt Marc. »Vielleicht wird mir alles ein bißchen viel«, sagt Phila.

»Wie weit ist das Projekt?«

»Es macht Fortschritte, aber du weißt, man darf nichts übereilen.« Marc rührt im Mocca. »Klominge sorgt sich, ob es überhaupt fertig wird.« »Sorgt sich? Ist ein Grund zur Sorge vorhanden?« Phila wirkt gespannt. »Kein technischer, soviel ich bis heute morgen erfahren habe, bis auf kleine Rückschläge, die immer wieder hingenommen werden müssen.«

»Trink, dein Mocca wird kalt.« Marc deutet auf die zierliche Tasse in Philas Händen. »Er ist wirklich gut. Bekomme ich später noch einen?«

Phila trinkt in kurzen Schlucken und mit einem ins Leere gerichteten Blick aus der Tasse. »Aber warum sorgt sich Klominge?«

»Du weißt, er sorgt sich meist um sein Kapital, so ist es auch hier. Du bist sein Lebendkapital. Ihn drückt hauptsächlich da der Schuh, wo er investiert hat und noch nicht ganz sicher ist, ob es sich lohnen wird. Du bist ihm sicher, auf dich läßt er nichts kommen. Auf dich zählt er und ist glücklich damit. Jeder Film, jede Serie bringt ihm das, wonach ihm ist. Das andere, was er noch nicht bestätigt sieht, das bringt ihm Unruhe.«

»Er ist ein angenehmer Mensch so allgemein, aber Unruhe, Angst in der Geschichte können wir nicht brauchen. Vielleicht hätten wir es ohne ihn machen sollen«, sagt Phila. Sie stellt die Tasse zur Moccamaschine, klopft den Kaffeesatz aus dem Sieb, füllt und setzt die Maschine wieder in Betrieb.

»Wir hätten es allein nicht gekonnt. Es verschlingt viel Geld. Wir hoffen doch alle, daß sich das Projekt lohnen wird.«

»War es das, worüber du noch mit ihm geredet hast?« fragt Phila.

»Nur so nebenher, später hat sich dein neuer Verehrer noch dazugesellt, ich dachte schon, er sei gegangen, aber aus irgendeiner Ecke ist er dann aufgetaucht, tat lustig, so als könne er genauso wie wir noch kein Ende finden. Wir haben dann unsere geschäftlichen Dinge im Sand versickern lassen. Ein sonderbarer Herr, der Herr Finkgast«, sagt Marc nachdenklich.

»Ich traue ihm nicht ganz«, antwortet Phila.

Die Maschine hüstelt. Marc reicht Phila die zierliche Tasse.

»Ich will morgen einen Blick in die Berichte und Analysebücher werfen, Marc, kannst du das veranlassen?«

»Phila, du weißt, daß wir alle, du mit eingeschlossen, bestimmt haben, daß die Bücher nicht aus dem Labortrakt herausgenommen werden dürfen. Wir haben seinerzeit strengste Sicherheit und Disziplin an oberste Stelle der Projektplanung gestellt. Niemand darf diese Planung aufgrund eigener Neigung kurzfristig und ohne Grundsatzbesprechung mit den anderen übergehen. Wir können entweder alle in die Bücher einsehen, und sie müssen im Labor bleiben, oder alle müssen zustimmen, daß einer allein das darf. Vergiß die Regeln nicht!«

Phila macht eine beschwichtigende Geste mit der Hand und sagt: »Ich war voreilig, ich weiß, aber eigentlich dachte ich an unser Gremium. Sollten wir uns nicht bald zusammensetzen?« »Ja sicher, aber jetzt bist du eine Weile hier, das gibt uns die Zeit, einen guten Zeitpunkt zu wählen. Wir sollten Herrn Dr. Hermes davon in Kenntnis setzen.«
Phila setzt sich auf das Sofa. »Aber es handelt sich doch schließlich um mich, Marc! Ich werde Dr. Clut und Dr. Hermes anrufen und mit ihnen einen Gesprächstermin vereinbaren. Es kann sein, daß es ihnen gelegen kommt. Selbstverständlich bleiben die Bestimmungen gewahrt. Die Bücher werden wir zusammen ansehen. Du kannst die entsprechende, bitte beachte die Drehtage und andere Verpflichtungen, Terminierung vornehmen. Das wird der Tag des Kapitals und der Rendite. Für mich sind noch weiterreichende Interessen damit verbunden.«

»Gefühle?« fragt Marc. »Frage mich noch nicht, Marc. Frage nicht, alles ist so unklar. So unwahr. So unwirklich. Und trotzdem habe ich es getan. Schläfst du heute nacht bei mir?«

Marc nimmt Phila die zierliche Tasse aus den Händen. »Komm, Phila, du mußt hundemüde sein, ich werde dich in den Schlaf streicheln.« Er hilft Phila beim Entkleiden und deckt sie zu. »Ich komme gleich wieder, gleich wird alles ruhig und schön. Marc ist ja da.«
Die Worte hallen nicht wider, versinken im weichen Bett, Marc kocht weichen Nebel, damit er mit ihr fortfliegen kann.
Als Marc aus dem Bad kommt, schläft Phila. Marc kuschelt sich an ihren Rücken, fühlt den warmen Frauenkörper vor sich und schläft zufrieden ein.

löffelchenschlaf
auf weichen nebelbänken
ruhend der mondpelz
um rosendüfte schleift die weiße kutte
durch den garten kiesschritte / zwei
hand in hand
die nacht durchwandern
löffelchenschlaf
die wiege ist
der andere

Im Weißen Schmetterling sitzt der Nachtportier in seiner Loge und hat noch zwei Stunden Nichtstun vor sich, er strengt sich an, die Zeitung leise umzublättern. Manchmal schiebt ein Gast, etwa ein Spätheimkehrer, müde und verraucht aus irgendeiner Kneipe kommend, mit ihm, dem Nachtportier, Wache.

Mit einem hat er einmal vier Nächte hintereinander Dame gespielt, dann ist der Damespieler abgereist, hat man zu ihm gesagt.

Aber der Damespieler ist von der Brücke gesprungen, hat später die Zeitung berichtet. Der Damespieler habe eine unglückliche Liebe nicht zum glücklichen Ausgang bringen können. Der Damespieler hatte im Spiel jedesmal gewonnen.

Da war einer, der kam jede Nacht total betrunken zurück. Die Glocke schrillt nicht. Dezent deutet sie ein Leuchten an. Draußen, die Glasscheiben wirken fein weiß am Rand um die Zeit, es ist alles handgeschliffen, die ganzen Blumen und Bänder, Schnörkel noch und noch im Glas, haucht einer in die Mitte der Scheibe, so daß das Gesicht unsichtbar ist, aber nach zwei Tagen ist es klar, das ist ›der‹.

Immer um vier. Der kam immer um vier. Trinken wir noch einen? Für den habe ich dann unter die Theke gegriffen, da steht immer was, denkt der Nachtportier. Aber der ist auch abgereist. Hatte geschäftlich hier zu tun. Der hat jede Nacht bestimmt sieben bis acht Kneipen durchprobiert. Von mindestens drei Kneipen das Aroma hierher geschleppt. Der hat zu tragen gehabt. Aber kein Gegröle, nein anständig war der bis in den Suff. Für den habe ich unter die Theke gegriffen. Und mit dem habe ich einen gehoben, das tue ich nicht mit jedem.

164 ist immer noch nicht da. Und Suite 33 hat Besuch. Bleibt wohl die ganze Nacht. Die Menschen brauchen halt nicht nur die Zujubler, die brauchen auch was fürs Gemüt und fürs Blut, die Menschen. Man munkelt, die Suite 33, der gehören 75% vom Weißen Schmetterling, aber sie mische sich selten ein, tue, als sei sie Gast. Aber Blumen hat sie viel bekommen. Schöne Blumen. Jetzt fängt es an zu regnen. Auf dem Baldachin, ich höre die Tropfen bis daher.

Der Nachtportier läßt die Zeitung aufgeschlagen, schließlich liest er daraus seine Erinnerungen, auf der Theke liegen und geht mit ruhigen Schritten an den im Halbdunkel stehenden Sitzgruppen vorbei zur Türe und schaut hinaus. Seine Hände auf dem Rücken ineinandergelegt, dunkelblaues Jackett mit Goldlitzen und Goldknöpfen, Taillensteg mit Gehfalte, schwarze Hose, schwarze Socken, schwarze blankgeputzte Schuhe. Graues Haar, fester Hals von hinten. Ein Scherenschnitt im Fensterrahmen. Eine Weile steht er so unbeweglich. Zwei Taxis fahren hintereinander vorbei, die Lichtspur wiederholt sich auf naßdunkler Straße.

Geharkte Wege, der Gärtner, ein großer Strohhut mit Armen und Beinen, die sich rhythmisch bewegen, am anderen Ende fast angelangt, wie in einem Boot zwischen regennassen Rasenflächen stakt er und macht ein fernes kratzendes Geräusch dabei.

Auf geharkten kleinen Kieseln auftreten, in unregelmäßige Zeichen seinen Fuß setzen, an japanische Gärten sich erinnern, in die niemals jemand seinen Abdruck setzt, außer dem Gärtner.

Der erste sein, der den Regen noch in der Luft spürt, den matten Kreis der Sonne hinter dem Dunst ahnt und Rosenblätter im volltrunkenen Gras betrachtet, eine Frühmeßglokke hört und wieder nicht hört, dazwischen ein fernes kratzendes Geräusch. Der Gärtner bekommt ein geneigtes Profil unter dem Hut, das aber in Einzelheiten aufgelöst werden kann. Zunehmend der Dunst, der Gärtner als Strohsonne übernimmt drei Schritte lang die Vertretung einer eventuell aufgehenden Sonne. Leises Frösteln auf dem geharkten Weg. Dahlienfeuer beginnend in geplatzten Knospen, das Frösteln hört auf. Sonnenschmelze. Eine Abordnung „Gras aus aller Welt“, der sich Wasserpflanzen anschließen, wirkt kratzbürstig gestählt. Leidend das Pampagras, ein räudiger Fuchsschwanz hoch und gelbgefiedert, das kratzende Geräusch wird zum Steinharfenspiel, kleine Wasserfrüchte am Saum der Blätter zittern. Weiße, wesenlose Stühle zwingen zum Stehenbleiben oder Weitergehen, der Gärtner hat ein Gesicht unter dem Hut, er nickt über die Gräser hinweg, entbietet den ersten Gruß, am Springbrunnen versammelt sich ein Taubenpaar, sich zugeneigt verneigend, Spatzen, eine Handvoll, ein Arm voll, dann einer, der bleibt. Wasser plätschert in Sonnendurchbrüche, durch Zweige und Blätter, ein Spiel, dazu die Harfe nicht weit.

Zwei Stühle, weiß, ein kleiner runder Tisch, Marmorzeichnung Regenwasser, Blutbuchenblatt, stehen heute, es wird heiß werden, im Schatten.

Umdrehen, wenden, viel Grün, jetzt auf der linken Seite

das weiße große Haus. In einigen Fenstern streitet sich Blaugrau mit Gleißen. Der Gärtner stützt sein Kinn auf den Rechen, ruht aus, eine gute Gestalt, die zum Garten gehört wie die Erde. Mag sein, daß er noch Tau auf dem Hut hat. Phila geht schneller zurück, als sie gekommen ist. Sie nimmt den gleichen Weg. Sie hat große Lust auf Kaffeeduft, auf Frühstück mit Marc. Sie wird ihn wecken mit dem kühlen Morgen auf den Wangen. Hinter ihr entwickelt sich der Rosenduft, als sie die Türe, über die Terrasse kommend, in den Wintergarten öffnet, schlägt ihr dort schwüle, tropische Luft entgegen.

In der Hotelhalle, das sieht sie vom zweiten Aufzug aus, auf den sie nicht warten muß, ist reger Betrieb. Ein Gast studiert die Rechnung, der Nachtportier zieht sich mit dem Frühstückstablett in die kleine Ruhekammer hinter der Schlüsselwand zurück, der ablösende Portier steht mit dem Gast an der Theke. Zwei Hausmädchen sind beim Saubermachen der Empfangshalle. Phila sieht ein Mädchen, es ist höchstens 16, beim Ausleeren der Aschenbecher. Das zweite Mädchen hört Phila staubsaugen, es ist nicht im Blickfeld. Das Mädchen, das Aschenbecher in eine Tonne leert, ist brünett und groß. Seine Bewegungen sind ungelenk und werden einmal fließend werden. In einer Stunde wird die Empfangshalle zum Empfang Wartender, Kommender, Suchender, Tragender, Glanz anbieten. Guten Morgen!

»Ach bitte, würden Sie eine Tasse Kaffee für mich bestellen, ich setze mich in die Hotelhalle, und lassen Sie die Mädchen weiterarbeiten, es stört mich nicht.« Phila trinkt, von neugierigen Mädchenblicken bedacht, inmitten der Staublappen, Feuchttücher, Fensterleder, Essiggeruch, weißem Linnen und dem Aschegeruch, herrlich duftenden Kaffee, bei zwei herrlich jungen Geschöpfen, mit glatten

Schlangenarmen und nicht sorgfältig zurechtgemachtem Haar, die versuchen mit der Situation zurechtzukommen, um die Dame herumzuwerken, ohne sie besonders zu stören in ihrem absonderlichen Genuß, in dem Lärm, den zu machen sie genötigt sind, Kaffee zu trinken. »Es gibt seltsame Gäste«, flüstert Gerti zu Moni. »Sei still, das ist doch ›Die‹, na du weißt schon, ich habe dir doch gesagt, daß sie kommt«, zischt Moni zurück. »Düsenflugzeuge und Autobahnlärm ist sie gewohnt. Aber nobel sieht sie aus.« »Ach soo! So sieht sie aus der Nähe aus!« Seitenblicke, schnelle, taxierende. »Ob die Haare gefärbt sind? Es sind wunderschöne Haare. Die Haare, meinst, ob sie die färbt?« »Färben alle beim Film«, sagt Moni leise.

Die jungen Rücken strecken, biegen sich, Hände fassen, wienern, stellen hierhin, zurück, vor und ziehen den Rüssel des Staubsaugers über den Teppich, die elektrischen Bürsten rasen im Kreis, Stein schimmert danach, Spiegel in goldweißen Rahmen, Wandleuchten, Wandleisten, Rücken schmal und lang, gereckte Mädchenkörper, weiße blutleere Finger, die im nächsten Moment krebsrot aus der Lauge kommen. So frische neugierige Augen. Sie sind fast die letzten in der Hierarchie im Hotel. Niemand bemerkt ihr Wirken. Es ist in Räumen wie diesem, im Büro, auf langen Fluren, in Aufzügen, Treppenhäusern, Nischen, Toiletten.

Aber niemand bemerkt ihren Fleiß, ihre Umsicht, wir benutzen sie nur, um darüber zu gehen, denkt Phila. Unsere Hand am Geländer ist nicht voll Staub und, falls im Laufe von 14 Tagen unser Blick auf die Verzierung darunter fällt in die Blätter und Ranken aus Schmiedeeisen, so ist auch dort wenig außer Verzierung zu sehen. Am nächsten Tag sind sie wieder unterwegs. Früh schrillt der Wecker, das brünette große Mädchen weiß schon, es darf wieder keinen Fehler machen, niemand darf zerknautschte Zigarettenschachteln in einer Nische finden, ein Gast schon gar nicht, Staub ist verboten, in jeder Form von ihm zu beseitigen, um jeden Preis, auch um den, daß zehn Stunden dafür nicht reichen, auf der gegnerischen Seite sind es oft dreihundert, nein es sind mehr Leute damit beschäftigt zu hinterlassen, zu unterlassen, heranzubringen, was in Jackettaschen paßt, an Schuhsohlen klebt, auf Kleidern hockt. Die anderen Angestellten mit ihrer unmäßigen Eile helfen mit, sind nicht mitgezählt.

Die Straße drückt durch Ritzen, und wenn die Türe vom Diener botmäßig geöffnet wird: Staub, Staub, unsichtbar zuerst, dann vor allen Augen ausgebreitet. Toilettenpapier, ein Drama, wenn es fehlt in einem einzigen der intimen Räume, Seife, Handtücher. Unermüdliches Nachsehen, Kontrollieren, mancher Gast hinterläßt kein gastliches WC. Im Pissoir weichen Zigarettenstummel auf. Nehmt sie heraus mit euren Händen, putzt nach! Und macht es zu eurem Schutze so, daß kein ›Herr‹ in der Nähe ist. Fleißig, schnell, unsichtbar. Kein Lob, wie der Koch eines bekommt, der gute Gast weiß, diese kleinen Mädchen hat man zu übersehen, kein Trinkgeld, wie es die Zimmermädchen gerne bei der Abreise auf dem Nachttisch für sie bereitgelegt zu finden hoffen und damit ihren Lohn aufbessern können. Der Kellner, insbesondere der Zahlkellner, bekommt Dank in Form von harter Münze. Aufgerundete Beträge, die auch die Kollegenfüße, abgelaufen, heiß sind sie, mit bezahlen.

Diese kleinen Mädchen sind wichtig für den Gast. Er darf zeigen, daß er sie übersieht. Die Macht hat er. Das macht ihn etwas mächtiger, und er spürt es im Vorbeigehen, falls einer der unsichtbaren Geister, die jedes Haus hat, einem eiligen Spuk gleich, eine Verrichtung vorhabend, vorbeieilt. Für eine einfache saubere Kammer mit fließend Warm- und Kaltwasser, Dusche-auf-dem-Flurmitbenützung. Einfaches Essen ist als Personalessen deklariert. Ein Tag frei, da muß alles eine machen, das schafft die eine nicht, sie weiß, sie wird an dem Tag den Kopf zwischen die Schultern stecken und schuldbewußt aussehen, leidend an Ungerechtigkeit, den Rest so gut sie kann verrichten und die Unterlassungen nachholen, ein Tag frei in der Woche, das ist niemals Sonntag, wenn der Herzbub fortfährt mit dem Mofa.

An der Stelle denkt Phila ein wenig an Marc, steht auf und nickt den Mädchen zu. Marc ist bereits wach. Sie beugt sich über ihn. »Du riechst so nach Rauch und nach Bohnerwachs«, murmelt er in ihrem Haar. Marc riecht nach weichen Kissen, nach Wärme und Schlaf. »Ich habe auch«, sagt Phila, »nach Erde und Regen gerochen und nach nassem Gras, aber das war früher.«

Der Zimmerkellner bringt Frühstück, deckt im Wohnraum den Tisch, schenkt in die Gläser Gelborange, eine kleine Flasche Schampus kühlt schräggehalten auf dem Beistelltischchen. Kaffee! Unter Weißblech- Riesenbrüsten, Heißes, das so bleiben soll, bis Marc aufsteht. »Das wurde für Sie abgegeben.« Der Zimmerkellner deutet auf einen langen Zweig Zierbrennessel mit einer Rispe Phalaenopis, »Soll ich den Kaffee schon eingießen, Frau Berg?« »Danke, nein, es dauert noch«, sagt Phila, blickt um die Ecke ins Schlafzimmer, »aufstehen, Kaffee und Spiegeleier, Brathühnchen, Salami, Orangensaft etc. etc.« und »Herzlichen Dank« zum Kellner, der bereits an der Türe steht. Dieser macht ein fröhliches Guten-Morgen-Gesicht. »Guten Appetit«, sagt er und geht.

*

Das Telefon neben dem Bett überrascht sie nicht mit seinem Summton. Mit geschlossenen Augen hatte sie schon eine Weile so dagelegen, hatte versucht, sich an den gestrigen Tag zu erinnern, was ihr nur unvollständig gelang.

Es lag nicht daran, daß gestern nichts geschehen war, ganz im Gegenteil, zu viel drängte und purzelte übereinander, wenn sie versuchte einen klaren Erinnerungsfaden zu erwischen und zu halten. Es schien, als habe sich alles auf den Weg gemacht, um sich ihr zu zeigen und alles dränge zur gleichen Zeit herein, so daß für keinen mehr Platz war, und sie weder Form noch Struktur sehen und hätte zuordnen können.

Sie versuchte es trotzdem, aber es kam auch bei noch so großer Anspannung keine Ruhe und Ordnung hinein. Schweißgebadet spürt sie dann, daß sie nackt ist. Über den Bauch rinnen Schweißtröpfchen. Es kitzelt sie. Die Tröpfchen rinnen langsam, werden rund und schnell und tropfen ins Bettlaken. Immer neue entwickeln sich und fangen an zu rinnen und zu verschwinden. Der seidene Bezug bemächtigt sich nach und nach jeder ihrer Formen, was war der gestrige Anfang gewesen, und wie hatte der Tag nur angefangen? Der Tag fängt damit an, daß sie meist wach liegt, wenn das Telefon summt.

Lon ist dran. Lon sagt, er werde sie in einer Stunde abholen. So fängt der Tag an.

Sie muß duschen. Dann muß sie sich für eine Kleidung entscheiden. Sie würde dies lieber nicht tun, aber man hatte ihr empfohlen, dies jeden Morgen zu üben. Ihr hätte es nichts ausgemacht, nur in Socken zu gehen oder nur im Hemd. Sie hätte herausgefunden, an welchem Körperteil sie ein Kleidungsstück bräuchte. Aber man hatte ihr empfohlen, sich ganz zu kleiden, den Körper, außer Kopf und Beinen, einzuwickeln, daran konnte sie sich noch erinnern, das war aber schon lange her. Später hatte man ihr empfohlen, die Kleidung aufeinander abzustimmen. Man hatte dies als notwendig erachtet. Jetzt sollte sie sich modisch pfiffig kleiden. Es würde ihr große Mühe machen, und ihr würde keine Selbstverständlichkeit helfen. Sie würde sich an das gehabte Lernpensum in Sachen Kleidung erinnern müssen und die letzten Lektionen aus dem Durcheinander in ihrem Kopf herausfiltern, vielleicht half ihr das dabei. Zumindest würde niemand merken, daß es noch nicht selbstverständlich war und es ihr ganz und gar nicht leichtfiel.

Sie muß duschen, der Körper, dessen Formen ihr allmählich vertraut werden, ist naßgeschwitzt. Sie riecht diesen Körper, er riecht gut nach frischem und nach trocknendem Schweiß. Er riecht nach ihr und nach Weiblichkeit. Und sie muß diese Gerüche beseitigen, obwohl sie ihr gehören.
Sie duscht gern, aber nicht jetzt, wo der blonde krause Hügel, naß von Schweiß, und der Schoß anfangen zu sagen, wie sie riecht. Sie atmet tief ein, dann kriecht sie unter die Decke, rollt sich auf dem nassen Laken zusammen und atmet ein paarmal unter der Decke. Als sie genug hat, geht sie duschen. Den Rest der Zeit würde sie vor dem Kleiderschrank verbringen.

Die langen hellen Flure, ein Verwirrspiel, das sie nicht lösen konnte. Ganz auf Lon vertrauend, an Ledersofas, baumhohen Philodendren und Palmen vorbei. Glas, Helligkeit, manchmal ein Himmel hoch oben, über hallenden Schritten und stillen Teppichböden schwebend, weiter zur Stunde Lernpensum, irgendwo in dem Versteck, in der Burg muß es sein, das Zimmer Lernpensum, und es ist nicht wichtig wo, sie fragt sich nicht. Sie weiß, es ist ein großes Zimmer. Es hat Grünpflanzen in einer großen Schale. Die Grünpflanzen werden beleuchtet. Es stehen dort braune, bequeme Sessel, Tische sind da aus Glas. Es hängen Bilder dort. Sie hat gelernt: es sind moderne Bilder. Aus diesem Jahrhundert. Es hat schon viele Jahrhunderte gegeben. Diese Bilder sehen anders als alle Bilder aus, die in anderen Jahrhunderten gemalt worden sind.

Außer Bildern gibt es Teppiche mit Figuren- und Pflanzenmustern. Die Teppiche sind weich und immer warm. Die Muster darauf können mit langen Fluren verglichen werden, so daß, wenn man einem Muster folgt, man mit vielen Mustern in Berührung kommt, vielleicht abschweift und deshalb lange nicht ankommt, aber an vielen anderen Mustern interessiert wird.

Die Ärzte kommen manchmal in den Raum zu ihr, während sie lernt. Oder auch nachher. Sie sind anders als Lon. Sie unterhalten sich mit ihr. Sie fragen und sprechen mit ihr. Sie sieht die Herren jeden Tag im Untersuchungsraum, aber in den Raum mit den Teppichen und Bildern kommen sie nicht jeden Tag.

Es mündet ein kleiner Flur in den Raum. Von diesem Flur aus sind winzige Kammern, versehen mit Tisch, Stuhl, Bildschirm, zu erreichen. Einige Kammern haben eine Liege. In diesen Kammern bekommt sie ihre Lerneinheiten über unterschiedliche Kanäle.

Lon fragt sie, ob sie etwas trinken möchte, Wünsche werden ihr erfüllt. Sie bekommt für kurze Einheiten, wobei sie liegt, eine Haube mit Drähten und Schläuchen auf den Kopf. In kurzen Abständen spürt sie Impulse, als Bilder, Erlebnisse nicht zu differenzieren, zu eng ist die Information gepreßt, eine über der andern, eine in der andern, ankommen. Die Information kommt als Nanosekundenpaket, ist nicht größer, als ein üblicher vorbeiflitzender Gedankenstrich. Unentschlüsselt durch den Bereich ›Kurzerinnerung‹, diesen als Korridor benutzend, zu Erinnerung Langzeit. Ist Erkennen, Einordnen nötig, bei ihr macht es ein kompliziertes, vorgefertigtes Raster von graphischer Qualität.

Früher einmal, wann war das bloß?
Ein ganzes Wochenpensum lang wurde es eingesetzt. Steg für Steg, Punkt für Punkt. Jetzt können Informationen ankommen, sich auf dem Raster häufen, sie werden durchgeschüttelt durch nachkommende Nanosekundenpakete, über die gelochte Fläche geschoben, bis sie ihren Platz finden, wohindurch sie geschleust werden müssen. Im dunklen Kopf-Keller liegen noch unaufgeschnürte Nanosekundenpakete. Sie haben sich nicht geöffnet, sind nicht entfaltbar auf mannigfaltige Weise entwickelbar, können nicht weiter zugeordnet, verwendbar gemacht werden. Liegen da unbrauchbar. Herausholen lohnt nicht, das gleiche Paket wird nachgereicht. Bis zu zehn- oder zwanzigmal, bis es erkenntlich wird, angesprochen werden kann, Reaktionen erfolgen, meßbar gemacht werden kann. Die entfalteten, aufgeschnürten sind so bepackt, daß, einem Thema zugeordnet, kleinstes und größeres Material vielfach entspringt. Es kommen so viel Pakete an, bis ein Thema für den Tag erschöpfend ›bearbeitet‹ ist. Es kommen neue, andere an die Reihe. Das dauert nach der Uhr, dem Anzeiger menschlicher Zeit, etwa zehn Minuten. In Wirklichkeit mögen es angeschnittene Ewigkeiten sein. Nach menschlichem Lernmaß einige Jahre. Letzteres weiß sie aber nicht. Sie weiß, daß audio-visuelles Lernen ansteht. Es ist nach der Sprache gerichtet, nach Tönen, nach Wellen, das hat sie gern.

Bunte Bilder flimmern, Vergleiche tauchen auf. Sprachen werden gelernt, andere, seltsame Töne rauschen auf in ihr. Fabriken werden besichtigt, mit Leuten wird gesprochen, auf dem Markt wird eingekauft, ein Fest wird besucht. Musik kann man hören. Musik kann man sehen. Die Köpfe der Musiker bewegen sich im stummen Raum, wiegen sich hin und her, das Kinn auf der Geige, der Körper als lebendige, sichtbare Musik einer Note gleich, einem Gleichnis ähnlich. Der Trommler kämpft gegen das Schweigen an. Ein Taktstock zieht Schlangenkörper durch den Raum, dieser Mann ist animalisch und reich, der andere ist einer, der es gut kann. Klavierfinger, hackend, stürzend, rufend, sie sind Musik, sind sie selbst, der Ton wird dazugeschaltet, das war eine schöne Lektion.

Bewegungsspiele sind dran. Frauenkörper im Kreis mit Bändern erinnern an den Dirigenten, an den ersten.

Berufe, jeden Tag einen, mit Geräuschen, die sich bei der Ausübung des Berufes ergeben. Wieder ein Lernbit. Zitronenbäume, Orangenbäume, Gerüche, eine Fahrt irgendwohin, sie hat vieles vergessen, und vieles wird Begriff. Jeden Tag mehr.

Länger als sonst werden heute Bewegungsstudien: Frau im Raum, Frau neben Herrn gehend, tanzend über den Schirm, gezeigt. Frau im Gespräch, in hitziger Debatte, privat, öffentlich, in der Politik, was ist das? Sie muß genauer hinhören, versteht nichts. Nur einzelne Worte, sie kommen nicht in den Zusammenhang, bleiben in ihren Ohren und in der Kammer hängen, werden unbeweglich steif. Worte, Worte! Die Menschen sprechen, versuchen gehört zu werden, das ist das, was sie im letzten Teil verstanden hat. Und gesehen werden wollen sie, die Menschen, auch das hatte sie bemerkt. Frau mit, Frau ohne, Frau! Man hatte ihr früh gesagt, sie sei eine Frau. Das weiß sie nun seit einiger Zeit. Ist so Frau? Das alles muß Frau können, wissen, tun? Ein Beruf, der schwer zu erlernen ist.

Sie hatte sich mit einem hellen Rock, dunklen Strümpfen, dunklen Schuhen und einer schmalen, mit einem Schößchen versehenen Bluse bekleidet. Die Bluse hatte die Farbe der Schuhe und kleine Tupfer in der Farbe des Rokkes. Der Rock war seitwärts an ihrem linken Schenkel geknöpft. Die untersten Knöpfe hatte sie offengelassen, damit sie besser laufen und sitzen konnte. Haartrachten heute und früher. Amerika, Japan, Afrika, China.

Lon würde hinter ihr stehen und sagen: »Möchten Sie noch etwas trinken?« »Wir müssen gleich zur Untersuchung«, würde er anschließend sagen und sie, noch ganz benommen, in den Untersuchungsraum begleiten.

»Möchten Sie noch etwas trinken, haben Sie Durst?« fragt Lon.

Wieviel Zeit ist nach menschlichem Lern- oder Zeitmaß vergangen, und ist menschliches Zeitmaß mit dem Lernmaß bestimmbar, meßbar? Ist es nicht so, daß jeder anders lernt, verbunden mit dem, eng verbunden mit dem, was man ihm anbietet und wodurch er lernfähig wird, und ist die Menge wichtig, und ist sie schon als ›gelernt‹ zu betrachten, nur weil man es weiß? Wie wird man gegebenenfalls reagieren? Wird man Gelerntes richtig einsetzen, mit anderem Material verbinden, rückwärts, vorwärts, seitenlos, vielgesichtig? Was sagte die ganze Sache über sie aus?

Gestern war sie draußen, jetzt erinnerte sie sich wieder, wie kommt sie über den Begriff Lernen an die Erinnerung? Gestern war doch ein besonderer Tag! Wie konnte sie das, was so ausgelöscht und zerstückelt, drängend zwar, aber nicht fassen könnend, weil es keine einheitliche Form mehr war, in sich herumtragen? Das Gefühl erinnerte sie sehr an Vergessen. Aber jetzt war es wieder da.

Sie hatte die Welt draußen besucht, von der sie bereits einiges wußte, die für sie aber nie betretbar gewesen war, weil man nicht in den Bildschirm gehen kann. Man kann nur

vorne sitzen und lernen. Gestern war sie hineingegangen. Lon hatte ihr den Weg gezeigt. Sie hatten auf jene Person gewartet, und diese wurde, weil sie schon länger Gesprächsstoff gewesen war, zur Erwarteten.
Ein Hoffnungskeim. Guten Morgen, Dr. Clut. Guten Morgen, Dr. Hermes.

Kanülen, Spritzen, Blutabnahme, schwarzer Saft wie von Johannisbeer, Messungen, Blutdruck, Augendruck, haben Sie gut geschlafen nach dem gestrigen Tag?

Das Labor ist groß. Sie kennt es gut, ohne sich genau zu erinnern, an was sie sich erinnert. Es sind Geräusche, die halbwach in ihr liegen, sie kommt jeden Tag hierher, vielleicht kommt es davon.

Pumpen ja, wie Pumpen war es und Glucksen, jetzt hört sie es. Von weiter hinten kommt es. Die Geräte schlingen sich wie jeden Tag um ihren Körper, messen, klopfen, die Geräte wissen mehr als der Spiegel? Der Spiegel kennt sie jetzt einige Monate. Ihre frühere Behausung war kleiner gewesen. Nur ein Raum. Lange hatte sie sich nicht mehr daran erinnert. Ein sehr kleiner Raum. Bett, Waschgelegenheit, Toilette. Ein Stuhl, auf den sie sich nicht setzen wollte, weil er unbequem war. Auf dem Boden hatte sie gesessen, und dies schien ihr normal zu sein, sie brauchte kein Gestell, um auszuruhen oder vor sich hinzudösen.

Aber gab es ein: Nochfrüher? Eine Erinnerung, irgendwo vergraben unter all dem, was täglich dazukam? Mußte sie sich dagegen wehren, damit diese Erinnerung, das Stück Vergangenheit, nicht weiter verschüttet wurde? Wehren, wie macht man das, sich wehren? Gegen wen?
Dr. Clut stellt die veränderte Körperchemie fest.

Gegen Dr. Clut konnte sie keine Aggressionen aufbringen, er war freundlich und ruhig, sein weißes Haar beschützte sie vor Krankheiten und Unwohlsein, sein weißes Haar war so oft über sie gebeugt, wenn er Felder auf ihrer Haut einzeichnete, um eine genau plazierte Messung durchführen zu können, oder wenn er eine auf Umsetzbarkeit gerichtete Teildiagnose stellen wollte.
Er gab ihr ein Gefühl des Überwachtseins, Beschütztseins, und ihr konnte nichts passieren. Dr. Clut archivierte ihre Reaktionen und Funktionen, er wertete und stellte das zusammen, was ihr Körper brauchte. Er beriet sich oft mit Dr. Hermes über einen Zustand, den sie offensichtlich erreicht hatte, und dieser Zustand entsprach manchmal ihren Hoffnungen. Diese Zustände änderten sich oft schnell und unregelmäßig, so daß auch das, was sie einnehmen mußte, neu zusammengestellt wurde.
Oft lag sie, den Arm ausgestreckt auf der Liege und bekam ›Nahrung‹ für den Zustand, oder der Zustand war unbrauchbar, dann wurde dieser durch die Nahrung und ihre Zusammensetzung verändert. Sollte sie Dr. Hermes, der so klug war, nicht mehr an sich arbeiten lassen? Sich gegen ihn wehren? Dr. Hermes tritt heran.

»Was möchten Sie gerne tun?« fragt er, seine grauen Augen blicken freundlich in ihr Gesicht.

»Ich möchte mich wehren, ich finde die Vergangenheit nicht. Jeden Tag kommt Neues. Verstehen Sie das? Immer mehr, vielleicht wird diese Vergangenheit, falls ein Stück davon übrig ist, verdeckt!«
Dr. Hermes nickt verstehend. »Vielleicht ist keine da«, sagt er. »Oder sie war nicht wichtig.«

Auf zwei der Bildschirme verändert sich die Abbildung. Unmerklich tauscht sie sich im lebendigen Prozeß um, lebt und arbeitet eine Weile gleichbleibend.

Sie will sich nicht mehr wehren. Sie hat keine Vergangenheit. Darum ist sie hier. Um eine neue Vergangenheit zu erarbeiten zusammen mit all den Leuten, die um sie bemüht sind.

Sie weiß, daß sie heute aussieht wie ein Clown mit Strichen im Gesicht, Straßenzüge in blaue Nacht getaucht, mondgesichtigen Plätzen und grünen Beeten. Das alles gibt Aufschluß, kann erkannt und bemessen werden. Sie muß ihre Gesichtsmuskeln bewegen mit den ganzen Straßenzügen auf ihr, das ist schwer, aber es kann bemessen werden, wie schwer es ist, und sie kann nicht spüren, daß die Häuserzeilen bröckeln. Das müßte sie erschlagen an der Stelle. Weil sie nicht erschlagen ist, wird es notwendig, die Lebendigkeit der mondgesichtigen Plätze zu prüfen, sie fühlt sich bleich und dünn, als könne sie von innen heraus auf Dr. Clut und Dr. Hermes sehen. Durch die Haut. Sie hätte gerne geweint, aber wie man das macht, ging ihr in dem Augenblick, als sie es gebraucht hätte, nicht auf. So blieb sie während der Untersuchung ein Clown ohne Tränen.

Man kämmt ihr das Haar, untersucht ein gelöstes, bittet um Verständnis, reißt ihr ein ungelöstes aus, es wird zerschnipselt, gespalten. Haut auf dem Bildschirm. Es ist ihre Haut. Große Wüsten, wulstige Berge, Hautstürme wirbeln, wühlen Furchen auf. Ein Planet, der entsteht, entstanden ist. Planet Haut, der leicht verdirbt, vor allem im Gesicht und auf den Händen. Sie hat so viele Schichten, der Spiegel in der Wohnung – wozu ist er da? – verweigert ihr das vielschichtige Bild; hier hört sie sich pochen und rauschen, sieht sie Schrunden vergrößert, sie hat Zellen und eine Chemie, wird zum Bild, zur Information, zum Mittelpunkt. Dr. Hermes nimmt ihr die weiße Haube ab. Der Clown verwischt im Wattebausch.

»Gehen Sie jetzt essen«, sagt Dr. Clut, über die Auswertung gebeugt. »Lon wird Sie begleiten. Und guten Appetit! Vielleicht brauche ich heute nochmals Ihre Anwesenheit.«
»Guten Appetit«, sagt Dr. Hermes an die Bildschirmwand herantretend, aber noch ihr zugewendet, freundlich. »Ja, wir sehen uns vielleicht heute noch, und wir müssen noch über den gestrigen Tag sprechen, nicht wahr?« lächelt er.

Bleich steht sie, von Lon gegen alle Flure, durch die sie täglich gehen, abgeschottet, an der Tür, sie meint, ihr Blut werde nicht mehr zurückkehren aus den Füßen, sie meint, ein graues Augenkarussell drehe sich mit ihr als Mittelpunkt.
Hinter ihr ist eine Stimme, die hallt. Es ist nicht Lons Stimme, Dr. Hermes' Stimme: gestriger Tag! gestriger Tag! Sie bemüht sich, sich im widerhallenden Raum der eigenen Losung zu erinnern. Es gelingt ihr schwerfällig, den Gehirnmund zu sich selbst gerichtet zu öffnen und die Losung auszusprechen: Er meint die Erwartete. ›Erwartete‹ hallt es wider.
Ihre Beine geben kein Blut frei, lösen sich vom Boden, wo bleibt der Kopf? Fliegen – und aus dem Traum aufwachen. Trudeln, aufprallen, der Kopf, wo ist der Kopf? Er hängt einfach so in der Luft, mit großen Augen sieht er hierher zu ihr, zu mir – sind zwei Köpfe da? Das ist einfach unwahr, und wenn doch? Das geht nicht. Der Kopf hängt ohne Rumpf im Türrahmen.

Auf der Bahre ein Körper, ein heller Rock, dunkel bestrumpfte Beine, das ist der Kopf in der Türe, der das meldet. Dunkle Schuhe sieht er, der Kopf, und meldet es. Der Rücken von Dr. Clut verdeckt den Kopf auf der Bahre. Dr. Hermes bereitet eine Spritze vor. Lon, Lon ist auch da, er macht ein bestürztes Gesicht. Dr. Moviak: »Stellen Sie die Beine höher, bitte!« Wer ist Dr. Moviak? Der Kopf sagt, daß außer ihm und dem Körper auf der Bahre niemand weiteres in unmittelbarer Nähe ist, den sie nicht kennt. Lon stellt das Fußteil höher. Er ist schnell und sachte. Lon ist also Dr. Moviak. Warum war ihr das nie aufgefallen. Hatte sie ohne Bewußtsein gelebt? »Nur eine kleine Unpäßlichkeit«, sagt Dr. Clut, über sie gebeugt. Sie kann Dr. Clut über sich erkennen. Sein Gesicht ist freundlich wie immer. Sie kann auch von der Türe aus seinen Rücken sehen, wie er sich über sie beugt.

»Ich bin nicht der einzige Kopf hier«, sagt der Kopf an der Türe.

»Ja ich weiß, wir sind zu zweit«, sagt der Mund auf der Bahre. Es hallt unangenehm im Raum. Sie hätte ihre Köpfe lieber ruhig gehalten und abgewartet, daß die Köpfe sich wieder vereinigen würden. Aber der Kopf zwischen dem Türbalken sagt: »Wir sind im Moment zu viert, die anderen sind noch nicht für die Lernstufe geeignet, deshalb ist eine Kommunikation nur über Elektrowellen und Transzendenz über die zelluläre Ebene möglich, jetzt bricht der Kontakt ab.«

»Haben Sie das gehört, Hermes? Dr. Moviak? Das ist mehr, als ich je in meinem Leben als Forscher gehofft habe zu erreichen. Sie schläft jetzt. Es geht ihr gut. Wir müssen herausbekommen, in welcher Wechselwirkung dies zustande kam. Körperliche und geistige Überspannung und Interpretationsversuche in bezug auf die gesuchte Vergangenheit mögen, als Sie, Dr. Hermes, von ›gestern‹ sprachen, eine Reaktion zwischen beginnender Freude und absolutem Leerlauf über das Nervensystem ein körperliches Versagen der vegitativen Koordinaten hervorgerufen haben, die im Nachfolgenden eine Unterversorgung im Gehirn bewirkten, was die objektive Sichtweise soweit zurückhielt, daß über elektromagnetische Ströme neue Wahrnehmungen eintreten konnten. Denn nicht einmal Frau Berg weiß bisher, daß wir an mehreren Zellwüchsen weitergearbeitet haben und daß auch d i e bis jetzt zufriedenstellend sind. Mit diesem Goldstück hier müssen wir allerdings sehr sachte und überlegt umgehen.«

»Das war gestern abend schon vorauszusehen«, sagte Dr. Moviak. »Zitha hat, meine ich, in den letzten Tagen einen gewaltigen qualitativen Sprung gemacht. Nach vorne, von unserer Sichtweise aus. Sie fängt an, Mensch zu werden. Sie hat auch angefangen zu fragen. Auf Aktionen erfolgen sogar entgegengesetzte Reaktionen. Es sind Anfänge von seelischem Schmerz festzustellen. Gute Arbeit in bezug auf die Zusammensetzung der Infoblöcke, Dr. Hermes.«

»Ohne Sie, Dr. Moviak, könnten wir hier überhaupt nichts machen«, sagt Dr. Hermes bescheiden. »Die Seele – ohne die – was wäre s i e?« Er deutet auf Zitha, »Was wären wir alle? Sie wächst, seien wir sachte, und trinken wir nebenan auf diesen Moment«, lächelt Dr. Moviak erfüllt.

*

Im Raum nebenan, sich selbst genügend, atmet das Leder Ledergeruch aus. Die Bilder hängen für sich selbst an der Wand, sie könnten auch irgendwo in einem Keller stehen, es wäre nichts, was sie verbessern oder verschlechtern könnte. Es gibt nichts, was diese Bilder dazu bringen könnte, innerhalb des vorgegebenen Rahmens zu bleiben. Auch das neue Bild verhielt sich so.
Der Rahmen ist dazu da, einen Haken daran zu befestigen, damit das Bild an der Wand befestigt werden kann, damit dem Beschauer das Bild nicht entkommt. Der Rahmen ist dazu da, dem Beschauer Grenze zu sein, Anfang und Ende, links und rechts, oben und unten, Unterkante zur Oberkante; er ist dazu da, einer Angst entgegenzutreten, vom Bild entführt zu werden, verlockt, hineinzusuchen, immer weiter vorzudringen, bis die Welt draußen nur noch als Horizont, als nebulöser, fast vergessener, höchstens an komische und zum Lachen reizende Riten und Zeremonien erinnernder Streifen oder Fleck erinnerbar ist. Es würde sich eine ganz neue, ungewohnte Welt auftun und eine Verschiebung der Prioritäten stattfinden.

– · –

Farbe als Raum empfinden, klassifizierbar aufgenommen: So ist Raumfarbe; sogleich die Möglichkeit durch individuelles Empfinden korrigierbar: ›So ist Raumfarbe für mich‹. Entstünden Verschiebungen zugunsten der Empfindung, mit Fragen versehen, würden sich weitere Empfindungen und subjektive Lösungen ergeben, Abstraktes bliebe höchstens als Wort erhalten, könnte anderen Formen zugeordnet oder vergessen werden. Der Betrachter, vor Betrachterminuten in das Bild hineingegangen, wäre bald vom Einfluß seiner ihn umgebenden Magie, eine ›zum Staunen gekom-

mene, menschliche Figur, in (sagen wir) blaugrünem Hintergrund verschwindend‹. Material- und Grenzbereiche würden sich öffnen, ihn umgeben und hinter ihm zusammenfließen zum Phänomen des Raumes, der sinnlich wahrnehmbar würde.
Dieses Phänomen würde ihn umfließen wie eine andere, eine ungewohnte Zeit. Zeit, seine Parallelzeit, Zeit. Das Wagnis, mit unbändigem Glück korrespondierend, hätte aber auch den angemessenen Preis. Den Verlust der vor dem Abenteuer anerzogenen Wertung und die daraus gezogene Konsequenz, wie ein Bild betrachtet werden kann, welcher Bezeichnung es zugehört und der unsicheren Einteilung in gesicherte und noch ungesicherte Kunst.

Um ein Bild zu betrachten, müßte der Betrachter bereit sein, Angst zu empfinden und sie trotzdem zu überwinden. Er könnte nicht mehr der Begrenzung, sondern der Vielfalt recht geben. Er könnte durch seine Empfindsamkeit ein Teil der Vielfalt und Unendlichkeit werden und sie sich erfahrbar machen. Er würde erkennen, daß die Kunstlandschaft aus allen je erdachten und materialisierten Werken insgesamt besteht, und er würde Seelenländer-Landstriche-Augenblicke beschreiten müssen, dargestellt, entworfen, herausgepinselt von dem und jenem Künstlerwesen, um zu erkennen, daß auch dies Gleichnisse sind, Metaphern der eigenen Seele, die notwendig geworden sind, um in das verführerische Bild, das der Betrachter gewillt ist zu begehen, aus der Betrachterperspektive in die erlebbare und belebte Kunst(?)-Welt einzutreten.

Es mag sein, daß der Betrachter das Meer vor sich sieht, weiß, die Gischt im Gesicht spürt, aus dem Bild kommend, direkt auf seine nun salzigen Lippen, schon brennen die Augen, das saugende und abweisende Bild rinnt, trudelt, bäumt sich auf, herbe dunkelbraune Steine umspülend, bedeckend – CôteSauvage 81 / Ralph Fleck, notwendige Begegnung mit der eigenen Verneinung und Angezogensein von seinem Seelenbild, das der Maler verstand zu malen; die eigene Herbheit, um die der Betrachter weiß, seit er vor irgendeinem Bild steht, es ist wirklich irgendeines, ein unbekanntes, jetzt noch. Wichtig ist, daß die Herbheit aus dem zu betrachtenden Bild wie Gischt spritzt, und jetzt ist wohl der Vergleich gerechtfertigt, wie auf dem ›Côte Sauvage‹.

Es geht hier um Empfindung. Der Betrachter ist bereit, alles hinter sich zu lassen und der Verführung ›Vielfalt‹ die Möglichkeit der Eröffnung durch seine Augen zu geben. Diese Vielfalt ist zeitlos, wertlos, wertfrei, und sie ist das, worum es überhaupt geht.

Die Augen des Betrachters sind nur für ihn von Wichtigkeit, nicht für die Vielfalt. Sie IST. Der Betrachter aber will nun teilnehmen. Da trifft ihn seine eigene Angstrolle (eine hin- und hergepeitschte, hellaufschäumende weiße Landschaft). Auch das Meer ist Landschaft, mit den herben Steinen. Er schäumt sich selbst entgegen. Er ist sich also selbst einen Schritt voraus und begegnet sich und seinem weiteren Vordringen mit weißer Gischt und dunkelbraunen, roten oder grauen Steinen, die von der Gischt umspült werden. Aber dieses Bild lockt, es schmatzt, es rauscht. Ja, auch das, denn das Vordringenwollen ist auch in diesem Bild, im Seelenbild des Betrachters.

Ihm eröffnen sich Wellen, horizontal verflirrende Wasserspielräume. Wo ist das alles gelagert, in welchem Teil des Betrachters? Aber er erkennt es wieder, darüber kann er fliegen, abheben und endlos wellige Strukturen entlang sehen, sehen, Glanz beweglich, ohne feste Abmachung unter ihm.

Aber irgendwann, vielleicht nach dem Durchfliegen Shapiros Wolken mit ihren Lichtfeldern und ihrer Leuchtkraft, nach diesem Höhenflug, kann es sein, daß der Betrachter nicht mehr Betrachter oder Gegenübergestellter seiner Seelenbilder bleibt, sondern er ist eingängig geworden, befindet sich im zu betrachtenden Bild. Nicht einmal mehr als Figur, nein, als im Bild sich auflösende Materie, als Geist-Augen, als geist-sinnlicher Anteil. Er könnte darin verbleiben bis zu Stunde Null, er könnte auch übergreifend bei irgendeiner Teilwelt in einem anderen Bild ankommen, das gleich daneben oder in einer Galerie hängt, und es wäre unwichtig, ob zum Zeitpunkt des Ankommens das Bild überhaupt noch in der Galerie sich befindet, in der unser Betrachter das Bild dazumal gesehen und es sich gemerkt hatte.

– · –

Unser Bild, vor dem unser Betrachter im Raum nebenan, der sich selbst genügt, und in dem Ledersessel Ledergeruch aus- und einatmen, steht, entzieht sich gleichmütig durch einen nebulösen Anschein, und es bedarf einiger Kenntnis, die geheimgehaltenen Chiffren aufzuspüren, sie zu entziffern, und über deren Inhalte Eingang in die Welt des Bildes zu erlangen.

Unser Bild entzieht sich der Bewertung, ist gleichsam nichtig und nicht existent, als unentschlüsselter Raum ungültig und ungenutzt verbleibend für den, der dem waghalsigen Unternehmen durch Einseitigkeit, Erziehung und Verklemmung nicht nahe zu kommen vermag. Es hat keinen festgesetzten Kunstwert, läßt sich nicht festnageln. Der Kritiker würde jetzt Kritik üben, denn Worte sind es, die er liebt, Worte, die er festschreibt, versucht, da es ihm nicht gelingt, über den Rand in das Bild zu gelangen, Worte in das Bild zu treiben, wie einer, der Nägel in Stahlbeton zu treiben versucht. Es kann nicht verwundern, daß die Worte unnatürlich verkrümmt an der Oberfläche haften oder herabfallen. Ganze Berge verkrümmter Wort-Nägel kann ein Bild auf diese Weise unter sich auf dem Boden liegen haben. Unser Bild hatte verkrümmte Wortnägel unter sich liegen, was den, unseren Betrachter, dazu brachte, nach dem Preis zu fragen, es hatte inzwischen einen Preis, den er, ohne sein Konto überziehen zu müssen, zahlen konnte.

Er wartete also, bis die Ausstellung durch eine andere ersetzt wurde, holte sein noch stummes Bild ab. Das Bild sah dem Handel ungerührt zu. Während unser Betrachter, es ist Dr. Moviak, den Wagen durchs Verkehrsgewühl lenkte, vermeinte er, den vieläugigen Blick von der hinteren Bank auf seinen Rücken gerichtet zu verspüren, was ihn bewog, das Bild bei der nächsten Ampel neben sich auf den Beifahrersitz zu stellen. Jetzt aber spürte er die seitwärts gewandte Gleichmütigkeit des Bildes.
Das Katz- und Mausspiel endete damit, daß das Bild wieder nach hinten wanderte, aber mit dem Gesicht nach unten. Dr. Moviak jedoch hatte nun das Gefühl, jetzt würde es durch den Stoff, durch Schaumgummi und Blech auf die Straße sehen.

Dr. Moviak brachte das Bild, da er sich mehr am Arbeitsplatz als zu Hause aufhielt, dorthin und klopfte eigenhändig einen Nagel in die Wand. Dabei bedachte er genau die möglichen Nachbarn des Bildes, entschied sich für den Blickwinkel und die Lichtwerte. Zugleich sah er sich selbst zu, als würde er ein Schauspiel inszenieren. Bei dieser Tätigkeit wäre Dr. Moviak nicht mehr damit einverstanden gewesen, nur das Schauspiel als solches zu titulieren, er hätte den Einwand machen können, daß doch die Welt eine Vorstellung gebe. Er hätte auch der Frage, um dieser Formulierung einen anderen, offeneren Ton zu verleihen: »Ist die Welt eine Vorstellung?« der anderen Frage: »Gibt die Welt eine Vorstellung?« den Vorzug geben können.

Eine weitere Frage, die sich Dr. Moviak wirklich stellte, war die: »Ist das die gültige Achse, auf deren Gleichgewicht ich meine zukünftigen Betrachtungen auf das Bild gerichtet anstellen kann, mit dem blaublütigen Pfahler links und dem weißen Mauervorsprung rechts daneben, oder ist diese Zuteilung nur ein ›Auch-Entwurf‹? Der Lichteinfall, der Pflanzenduft, Glasspiegelunggegenlicht und Teppichmuster dort? Habe ich in meinen Erwägungen die Achse gefunden?«

Nach längerem Nachdenken kam er darauf, daß es nur ein Entwurf war. Nach weiteren Überlegungen ist der Entwurf auf seine Einmaligkeit hin untersucht und läßt vom Grundkonzept abweichende Detailveränderungen zu. Die Einmaligkeit bleibt.

Dr. Moviak, von Dr. Clut freudige Zustimmung erfahrend, als er ihm seine neue Errungenschaft zeigte, das Bild lag dazumal noch auf den aufgebürsteten Teppichmustern, was an sich nicht sinnentstellend, aber ablenkend wirkte, fühlte sich nach aufkommender Unsicherheit ob seines Kaufes wieder wohl und bot Clut und Hermes, der etwas verspätet seiner Einladung, das Bild zu betrachten, gefolgt war, Zigaretten an, damit die Zeit, die ihnen zum Betrachten eines Bildes inmitten der Arbeit möglich war, sich in bläulichen Schleiern bewege.

Dr. Hermes sah das Bild an. Man hatte das Gefühl, er sehe nichts und wandere mit seinem Blick ab und an über den Rand des Bildes hinaus und verstricke sich in den Ranken und Urwäldern des Teppichmusters, um pflichtbewußt wieder zurückzukehren. Dr. Hermes sagte nichts. Er zog an seiner Zigarette, betrieb Bildansehen und stieß den Rauch aus. Dr. Moviak, der nun Besitzer des Bildes war, hob im wachsenden Gefühl, daß er Besitzer eines vielleicht ungeliebten Bildes sein könnte, das Bild in die Höhe, stellte es an die Lehne eines Ledersessels, von dort stellte er sich damit vor die weiße Wand, vor die etwas dunkle Nische, um es dann auf den Glastisch zu legen, auf dem das Bild aussah, als schwimme es. Das Bild sah die drei Männergesichter an, die Männer sahen das Bild an. Der Rauch schwebte inzwischen in Schwaden. Dr. Hermes sagte nichts. Das war ehrlich von ihm. Dr. Hermes wollte nicht lügen, er konnte kein menschliches Wort dafür aufbringen, und das blieb so.

Inzwischen hatte Dr. Moviak längst einsehen müssen, daß das Bild zwar vom Preis her günstig und ein für ihn leichter Kauf gewesen war; er mußte aber auch einsehen, daß dieses Bild unwägbare Kosten in seinen Emotionen und seinem Seelenhaushalt verursachte.

Mit dem Vergleich, Ware ist gleich Geldwert, war dem nicht beizukommen. Dr. Moviak war wegen des Bildes schon gezwungen gewesen, sich und seine Arbeit zu lokalisieren. Das Bild zwang ihn, Standortfragen zu klären. Sich selbst im Raum zu sehen, selbst an der räumlichen Lebensdarstellung teilzuhaben, sie nachzustellen, zu installieren und als Person darin, den Dr. Moviak anzunehmen.

Dem Bild näherzukommen bedeutete, gewonnene Identifikationsfragen neu aufzuwerfen, nachzuarbeiten, sie auch gewissermaßen einer notwendigen Nacherziehung auszusetzen. Dr. Moviak bemerkte bestürzt, daß er nicht so unweigerlich recht habe und darin praktisch versumpfen dürfe. Das Bild sah ihn nur an und blieb reglos.

Er nannte das Bild ›Die schweigsame Lady‹, weil es noch nicht bereit war, seine Versuche der Annäherung zu beachten.

Wahrnehmbar war eine undeutliche Signatur an der rechten unteren Seite, was dem Gleichgewicht zeitenweise einen Schubs nach rechts unten verlieh. Dr. Moviak wußte, daß das Bild von einer Frau gemalt worden war, was ihm aber immer wieder in der Entfaltung seiner eigenen Einbildungskraft entglitt.

– · –

Dr. Moviak stellte sich, Dr. Hermes und Dr. Clut hinter sich wissend, in der Stunde des in ihm aufsteigenden Glücksgefühls, das sich, wir erinnern uns, es war wegen Zitha, auszubreiten begann wie eine Blume, einer Pfingstrose nicht unähnlich, vor die ›Schweigsame Lady‹. Die Herren hatten längst die Zigarren angezündet. Schwaden blauen Rauchs durchfluteten den gediegenen Raum. Gefüllte Cognacgläser harmonierten mit dem Ledergeruch und der Farbe; in Dr. Hermes fester Hand kreiste ein wohlgeformter Glasbauch den Inhalt an die innere Wand. In Dr. Cluts feingliedrigen Fingern schien der Bauchtanz einer Schönen zu beginnen. Er ließ ihr viel Platz und bewegte seine Handschale, als wäre diese eine Bühne für eine besondere Darbietung, eine Darbietung in einem Séparée, für einen einzigen, der Darbietung würdigen Gast, dem die Schönheit des sich bewegenden Körpers zu produktiven Denkanstößen, ja bis hin zu Assoziationen, befreite.

So betrachtet wirkte der Raum als ein in Zufriedenheit fixierter Zustandsraum, der die Wirkung eines gemütlichen Bades, in dem die Zufriedenheit vom Badenden kommend, vom Raum aufgenommen und dem Badenden wieder zuteil wird, hatte.

Dr. Moviak brachte es in dieser Stimmung immerhin so weit, nach vielen Wochen der vergeblichen Suche nach

dem Eingang in das ihm noch unverständliche Bild, den ersten Schritt zu tun.
Jeder Mensch hat außer der Mutter- und anderen Sprachen noch eine persönliche Verstehenssprache, die einem anderen Menschen nicht zugänglich sein muß.
Unartikuliert und undeutlich war diese Verstehenssprache zwischen ihm und dem Bild; und eben dies war es, was Dr. Moviak meinte, auflösen zu müssen, und er sah sich darin plötzlich weitergekommen. Ja er befand sich schon auf einem schweren, an den Schuhen haftenden Ackerboden, kurz hinter der begrenzenden Holzlinie des Rahmens. Die darüber jäh aufschwappende, aus dem innersten Bauch kommende Erregung teilte sich der vor der Brust gehaltenen Hand, in der er das Cognacglas hielt, mit. Der Cognac machte einige schnelle Fahrten um den inneren Rand und fand den Weg nach weiteren unruhigen Bewegungen über Moviaks Finger auf dessen blankgeputze Schuhe.
Dr. Moviak empfand diese Situation nicht als unangenehm, sondern passend zum angereicherten Augenblick, und insoweit animierend, als es gewissermaßen auch um Liebe ging.

Das Aroma, das sich für ihn, der endlich im Bild war, entfaltete, war das mit Moder, Luder, Pilzen, Gras, Kalk, Muscheln, Blut, Schleim, Regen, Schweiß, Sonne, Käferlarven vermischte Aroma, dessen Biß ihn zusammenzukken ließ und den Kopf wenden, als sei er ertappt worden.

Da sitzen Clut und Hermes, jeder mit dem dickbauchigen Glas in den Händen und schwenken selbstvergessen. Das Zimmer ist mit Rauch gefüllt. »Ich sehe mal nach Zitha«, sagt Dr. Moviak und wirbelt den Rauch aus seiner Behäbigkeit in unvorhergesehene Bahnen. Er läßt die Türe offen, nur einen Spalt, durch den ein wenig Rauch, einem schmalbrüstigen Brett nicht unähnlich, abzieht. Clut hat Gedanken fassen können, Hermes hat sich in Lehrstoff und Lernvermögen vertieft. Jetzt erwarten sie Moviak, der nach Zitha sieht, mit halbem Ohr haben sie es vernommen.

»Sie muß noch schlafen«, sagt Clut, als Moviak zurückkommt. Moviak sieht beruhigt aus, noch immer hat er sein Glas in der Hand, jetzt trinkt er den anderen zu und setzt sich.

»Herr Kollege, ist uns ein Kunstwerk gelungen?« fragt Dr. Hermes mit Blick auf Dr. Moviak, dann wandert sein Blick über den dunklen Scheitel des anderen hinweg zu dessen Bild, das er ein paar Wochen vorher aufgehängt hatte und wieder zurück. Dr. Moviak sagt bedächtig: »Es wird nie fertig sein, solange es lebt.«

»Aber es lebt. Es ist leibhaftig«, freut sich Dr. Clut. »Zum Wohl! Auf die interessante Zeit, die hinter uns liegt, auf die Zeit, in der wir sind, auf die Zukunft und die Arbeit, die gemeinsame Arbeit. Auf die Losung: Von jedem von uns nur das Beste für Zitha, unsere gemeinsame Dame soll leben!«

Drei Gläser, drei Männerhände um braunen flüchtigen Leib, drei Stirnen, drei Augenpaare, drei Münder, die sich öffnen, einen schmalen Schlitz weit, mehr nicht, drei Zungen, das Brennen spürend, mehr nicht, sie sind schon in der Zukunft nachher, morgen, im nächsten Jahr, Glas auf Glas, ein festes kleines Geräusch, dann Ziehen an den Zigarren. Schweigen.

»Es ist gut gelaufen«, sagt Dr. Clut. Clut, Hannes Frederik, Dr. der Medizin mit spezieller Ausbildung Zellbiologie und geschieden, nicht wiederverheiratet, ab und zu ein Verhältnis, eine ernstzunehmende Liebschaft, der er die Zeit mit seiner Forschungsarbeit nimmt und die daran eingeht. Aber die Arbeit geht nicht ein, zeigt, heute ist so ein Tag, daß das, was man mit seinem ganzen Können, seinem ganzen Einsatz, seiner ganzen, oder sollte da der Ehrlichkeit halber eine winzige Einschränkung gemacht werden, seiner fast ganzen Liebe, umgibt, wenig Chancen hat, einzugehen. Ab und an immerhin, war er an einer Verbindung mit einem weiblichen Wesen interessiert. Solange mit Zitha alles gut ging, konnte er so recht und schlecht den eigenen, vornehmlich am Anfang waren es eigene, Bedürfnissen entsprechen, und entsprach damit auch denen seiner Partnerin.

Dies wandelte sich aber, wenn sich winzigste Unregelmäßigkeiten in den Bedingungen körperlicher oder seelischer Art an Zitha zeigten. Zudem litten seine ernstzunehmenden Damenbekanntschaften sehr darunter, nur seine private Telefonnummer zu bekommen und ihn am Arbeitsplatz nicht erreichen zu können. Es hatte schon Szenen und Tränen gegeben.

Clut, Hannes Frederik, blieb hart. Er litt manchmal sehr darunter, aber dann wieder nicht. Er, Clut, Hannes Frederik, konnte unmöglich zu irgendjemandem davon sprechen, woran er arbeitete und forschte. Nie und nimmer. »Frederiklein und Hänschen, mein Liebes, sag es mir doch, mir kannst du es doch sagen, und wem denn sonst, wenn nicht mir?« waren Liebkosungen, die er anfing zu hassen, denn sie hatten zur Folge, daß, wenn das Gespräch zu Ende geführt wurde, die Damen wegblieben. Anrufen und hinterherlaufen waren die Folgen für ihn. Aber unweigerlich, es mochten nur ein paar Tage sein, oder auch ein bis zwei Wochen danach, fing dann das gleiche Gespräch wieder an.

Seine Wohnung war bequem eingerichtet, die Damen freuten sich an allerlei praktischem Klimbim, und er freute sich dann mit ihnen, aber leider war es nicht oft, und dann manchmal unvorhergesehen. Er hatte eine kleine zweite Wohnung eingerichtet. Dort konnten ihn die Damen nicht erreichen, wenn ihnen so zumute war. Und dort hielt er sich normalerweise auf, wenn er nicht an der Arbeit weitermachen konnte. Aber meistens hielt er sich im Labor auf, oder er und seine Kollegen machten sich gemeinsam an einem Thema, das zum Gesamtkonzept notwendig geworden war, zu schaffen.

Mit Leib und Seele Arzt und Forscher zu sein, hätte Clut auf die Frage, wie er sein Leben sehe und wonach er strebe, geantwortet.

Dr. Clut war schmal und hochgewachsen, man hätte sagen können, ein asketischer Typ, wenn nicht im Vordergrund die Feingliedrigkeit gestanden hätte. Zudem verstärkten gütige Augen und silbrig glänzendes Haar den Eindruck eines noblen Menschen mit nobler Gesinnung. Seine Haut war glattrasiert, rosé von Farbe, wie Männerhaut um die 50 sein kann, wenn der Mann, dem die Haut gehört, sich gesund ernährt und von geistiger Frische ist. Das war er, Hannes Frederik Clut, geistig frisch und dabei, große Schritte in die Zukunft zu tun.

»Ja, es ist gut gelaufen«, meint Hermes. Hermes, Servatius, Dr. Dr., der drei Jahre lang einen Lehrstuhl an der Universität zu . . ., ach, vergessen wir das, innehatte, Mediziner, Spezialgebiet Hirnforschung, später auf Logotech erweitertes Arbeitsgebiet, erste publizistische Erfolge, ein inzwischen durch Erbschaft von jeglicher Arbeit Befreiter, laut Presseklatsch. So war es auch nicht verwunderlich, daß er Angebote, Lehrstühle betreffend, ablehnte, seine Kollegenberatungen weniger wurden, man sich nicht mehr so oft an ihn wandte, um Themen zu erörtern.

Nur einige Briefe, an ein Postamt in Paris und eines in New York gesandt und von dort von zuverlässigen Freunden an seine Briefkastenadresse geschickt, hinter der sich

nur ein kleines Appartement mit Dusche und Balkon verbarg, gerade gut genug, um Briefe zu sammeln und zu beantworten, einen Whisky zu trinken und, wenn es heiß war, zu baden, kamen an.
Diese Briefe konnte er beantworten, oder dem Fragesteller eine andere Größe auf dem Gebiet als noch besseren Gesprächspartner empfehlen oder Literaturhinweise geben. Servatius Hermes, in seiner Jugend als ›Naturforscher‹ und ›Eigenbrötler‹ verschrien, der ständig in Tümpeln nach etwas Wichtigem fischte und gründelte wie die dort ansässigen Enten, kannte seit der Zeit sein Gesicht sehr genau.

Sein Knabengesicht war das eines herabstierenden Engels vor Wolken gewesen oder eine nußbraungefärbte Augenkrabbe, über Wasserspielfläche rudernd. Je nach Witterungslage. Logischer Aufbau, geplanter Ablauf, das waren Dinge, die keine waren, aber auch Schulkollegen und der Direktor verlangten danach, wenn es notwendig wurde.
Schulfeste, Konzerte, Wanderungen – Servatius half mit, plante, stellte zusammen, klaubte Zerfahrenes wieder auseinander und ordnete neu. Trotzdem blieben ihm wenige Freunde. Aber er vermißte sie auch nicht. Ihm genügte die zeitweilige Anerkennung, die gefestigt durch Noten über dem Durchschnitt blieb, und wenn sich die anderen zusammenballten wie zwei nebeneinander liegende Fäuste, so war er unterwegs, guckte unter Steine, grub Erde auf und siebte sie, zerteilte Pflanzen und wartete auf das Ende eines kurzlebigen Insekts, um es dann genau zu untersuchen und zu zerteilen.

Später, während des Studiums, fragte er sich, was in der grauen Masse, in den gewundenen Straßen des Gehirns vor sich ging und wie es funktioniere. Er begriff und arbeitete nach physikalischen Grundannahmen und Lehrmeinungen, denen er in jugendlichem Feuereifer weitere Beweise für die Festigung der Thesen, der Mensch sei ein materieller Gegenstand mit physikalischen Eigenschaften, liefern wollte. Was aber nicht vonnöten war, denn diese Meinung hatte einen so weiten Raum eingenommen, daß sie zeitweise nicht mehr kritisiert und in Frage gestellt wurde.

Aber dies war nur in der ersten Sturm- und Drangzeit. Servatius erinnerte sich bald an seine Beobachtungen, die er in der Kindheit gemacht hatte, und fing an, einer anderen Idee nachzuspüren. Über Studium und Erfolgszwänge, denen auch er unterworfen war, hinaus, entwickelte er seine Forschungsziele in kleinen Etappen, scheute keine Mühe, diese zu erreichen oder andere anzunehmen, wenn sie ihm im Laufe seiner gewonnenen Erkenntnisse besser schienen. Alles in Richtung auf das große Ziel. Jetzt halfen ihm in erheblichem Maße seine zwei Kollegen. Jeder auf seinem Fachgebiet, das jedoch auch auf sein Gebiet überlappte. Jeder von ihnen verstand den Anteil des anderen, und jeder teilte alle Überlegungen den anderen mit, so daß kein Forschungsgebiet einseitig oder belastend gegen das andere wirken und das Vorankommen stören könnte.

Privat hatte Servatius Hermes, wie seine Kollegen, wenig Kontakt, was ihm zur Zeit angenehm war. Er war es verleidet, Einladungen absagen zu müssen, und hielt seinen Bekanntenkreis deshalb klein und pflegeleicht.

In seiner Jugend sagte man ihm nach, daß er, wenn er schon Kontakte pflege, diese nur mit Jungen habe, was ihn schmerzte. Denn richtig war, daß er Jungen und Mädchen mochte. Frauen mochten an ihm die überlegene, kühle Art, die, wie er wußte, nur äußerlich war, Männer mochten ihn als ›guten Kopf‹, von dem man etwas lernen konnte. Mittelgroß, brünett, gutaussehend, graue Schläfen, wohlgeformter Mund, schöne Nase. Man ahnte noch das Engelgesicht vor Wolken. Auch heute, als erwachsener Mann, schien er,

über etwas gebeugt, für die Welt abwesend zu sein. Sein konzentriertes Gesichtsbild schien ihm in seiner Arbeit wieder entgegenzuspiegeln. Er wollte nicht nur ergründen, er wollte auch pflanzen. Deshalb hatte er auch etwas von einer chinesischen Reispflanzerin an sich.
Eine gebeugte, abdeckend versteckte Geste. Derweil die eine Hand hält, was die andere in den feuchten Boden versenkt. Ein großer Hut, der vom Gesicht ablenkt, das ernst darunter hervorschaut. Dr. Hermes, Servatius, war Besitzer einer vollen Haarpracht, die nicht immer wohlgeordnet um sein Haupt stand.

»Dr. Clut, haben Sie Frau Berg erreicht?«

»Ich habe ihr die Absicht, daß wir sie sprechen möchten, zukommen lassen. Sie wissen, die Blumen, je nach Angebot, wenn möglich weiß, und eine Buntnessel. Ich habe die Anzahl der Nesselblätter auf vier begrenzt, das heißt, sie kommt um drei Uhr an die verabredete Stelle. Ich hole sie ab. Wir können dann mit den Vergleichsanalysen beginnen.«

»Da Frau Berg etwas länger bleibt«, sagt Dr. Moviak, »kommen wir vielleicht bis zum Ende der Aufgabenstellung soweit, daß Zitha als ein von uns unabhängiges Wesen existieren kann, wenigstens zeitenweise?«

»Aber Dr. Moviak, das wäre zu weit gegriffen, wenngleich Zellaufbau, Wachstum, Nervenzellen des Gehirns usw. bereits in ein komplexes System elektrochemischer Abläufe und Erregungsströme eingebunden sind. Doch das Bewußtsein aus eingegebenen Informationen ist weder zureichend in subjektive Erfahrungsmuster, noch in objektive Kontrollmechanismen aufgenommen worden. Zweckmäßig wäre, sich auf diese unterbundene, oder noch nicht entstandene Verbindlichkeit zusätzlich zu konzentrieren«, Dr.

Clut reibt mit seinem Zeigefinger am rechten Nasenflügel und spricht weiter: »allerdings könnte es auch sein, daß bereits Prozesse entsprechender Art ablaufen und . . .«

Dr. Moviak spricht dazwischen: »Ich hatte Ihnen meine gestrige Auswertung erläutert.« Dr. Clut überlegt laut weiter: » . . . diese Prozesse sich weiter entwickeln werden. Ich bin ganz Ihrer Meinung, Moviak, wir sollten sachte damit umgehen, da die Beobachtungen keine Einzelerscheinungen reflektorischer Art sind. Ein zaghafter Beginn der gewünschten Kausalität ist durchaus möglich. Ich wünschte, Veränderungen wären für uns noch transparenter, als sie es ohnehin sind.«

Dr. Hermes lacht. »Stellen Sie sich die Menschheit gläsern vor. Ich meine nicht direkt Glas, es wird ja in einem bzw. mehreren Arbeitsgängen gewonnen, aber so etwas ähnliches. Ein vom menschlichen Organismus hervorgebrachtes, durchsichtiges Material, das ihn anstatt seiner Haut überzieht.«

»Dazu gab es bisher keine treibende Notwendigkeit, die die Kraft, so etwas biologisch zustandezubringen und zu selektieren, aufgebracht hätte«, sagt Moviak.

»In bezug auf unsere derzeitigen Ergebnisse wäre diese Idee nur als zeitweiliges Hilfsmittel günstig, um leichter voranzukommen, und für das Endprodukt nicht gewünscht, aber sollen wir das nicht im Auge behalten?«

Hermes schmunzelt. »So ein Forscherleben kann lang sein.« »Oder zu kurz«, sagt Clut. Hermes nickt beipflichtend und richtet seinen Blick auf Dr. Moviak.

»Glauben Sie, daß sie jemals ohne uns oder andere medizinische Hilfeleistung auskommt?« fragt dieser.

»Die Frage sollte sich auch auf Ihr Fachgebiet bezogen ausdehnen, oder hegen Sie Befürchtungen, wir würden Sie belächeln?«

»Nein, Dr. Hermes«, sagt Moviak nachdenklich, »ich hatte dies bedacht. Nur, weiß das später mögliche Umfeld um Zitha von ihren, falls wir dies erreichen sollten, was ich unter ›Bildung einer Seele‹ verstehe, Schwierigkeiten, seelischen Krankheiten? Um die möglicherweise auftretenden Irritationen? Körperliche Beschwerden werden, weil oft sichtbar oder wenigstens durch Sprache erklärbar, dem Umfeld nahe gebracht. Eine Diagnose und der Weg zur Heilung oder Linderung kann gesucht werden. Wie verhält es sich in diesem Fall jedoch mit dem Diagramm der Seele?«

»Machen Sie sich Sorgen, Dr. Moviak? Sie sind vorerst von diesen Sorgen befreit, es ist noch ein langer Weg bis dorthin, dann werden wir weiter sehen.«

»So kann ich nicht handeln, ich will mithelfen, ein wirkliches lebendiges Mitglied dieser Gesellschaft zu entwikkeln und gestalten. Die Augen verschließen, das kann ich wirklich nicht. Das Ziel steht doch klar vor uns, und dann sehe ich es als Vogelstraußpolitik an, wenn wir, sobald wir weiter sehen, die Hand vor die Augen halten, um nur ein kleines Arbeitsfeld, nämlich die jeweiligen Tagesstufen, die wir innerhalb des großen Zusammenhanges erreichen können, zu sehen. Ich meine, es steht uns an, daß wir auch Verantwortung tragen, wenigstens was diesen Teil der Nachsorge im seelischen und körperlichen Bereich anbelangt.«

Dr. Moviak streift mit seinem Blick über das Bild. Es ist wieder verschlossen.

»Sehen Sie, was uns alles verschlossen bleibt, gerade in bezug auf unsere Arbeit; wir wissen zum Beispiel nicht, was aus unserer Arbeit, unserer Forschung, die nicht als tote Materie, oder als technisches Produkt, oder Gebrauchsartikel verkauft werden kann, einmal wird. Wir haben unsere Arbeit im Sinn. All unser Trachten ist, diese gut, sehr gut, bestens zu machen. Und wir greifen unserem eigenen Können mit der glücklichen Hand, ›Idee‹ genannt, weiter voraus, transportieren uns durch weitere Forschung dorthin, um unsere Arbeit auf den höchsten Gipfel der Erreichbarkeit, den anderen weit voraus, zu schleppen. Nichts anderes interessiert uns. Aber sehen wir hinein in unsere und in zukünftige Zeiten, Bilder, Abläufe? Nein, es interessiert uns nicht im geringsten.«

Dr. Moviak nippt am Cognac. »Was werden andere nach uns tun? Was wird aus unserer Arbeit? Wir sind es nicht gewohnt, darüber nachzudenken, wir arbeiten nur, haben unsere festen Areale, das überblicken wir, es ist ein Tag-für-Tag-Arbeiten. Aber Zitha ist ein Raum. Zitha ist ein Zeitraum, und wir wagen nicht hineinzusehen. Sie wird ein Bild werden, ein räumliches Bild. Eine Aktion in Aktion, die weiter gebiert, vielleicht Stürme, Ableger, wer weiß es? Wir, die Täter, fühlen uns frei, wir arbeiten an einem Projekt. Unser ganzes Können und Handeln stellen wir zur Verfügung. Diesem Projekt! Und wir sehen nur die Arbeit, wir sind großartig! Ja, großartig. Und wir fühlen uns, selbst wenn wir todmüde sind, großartig!«

»Stellen Sie unsere Arbeit in Frage?« Dr. Clut zieht seine Augenbrauen höher, während er Moviak betrachtet.

»Wir sollten darüber nachdenken, was Dr. Moviak sagt, es ist wahr, wir sind nur an unserer Arbeit interessiert«, sagt Dr. Hermes. »Aber wir sollten auch wiederum nicht zu lange darüber nachdenken, sonst werden wir zu Entscheidungen unfähig, und auch zur Leistung werden wir ein zurückhaltendes Verhältnis bekommen.«

»Ich stelle unsere Arbeit in Frage, jawohl, wir sollten darüber diskutieren«, sagt Dr. Moviak fest.

Dr. Clut antwortet engagiert: »Sicher, die von Ihnen, ge-

rade in einem solchen Moment der Freude und Etappenzufriedenheit aufgeworfenen Zweifel und Fragen sollten wir besprechen. Aber wie anschließend handeln? Glauben Sie, ich denke niemals daran, was wird, wie es weitergeht? Warum unsere strengen Sicherheitsbestimmungen? Das sind schon Antworten, die wir uns vor vier Jahren, auf eben diese Fragen, ich gebe zu, nicht auf alle, gegeben haben, als wir anfingen, um dieses Projekt zu ringen.
Zuerst haben wir über die Sicherheit des entstehenden Wissenschaftsmaterials entschieden. Wir alle, die verantwortlich daran beteiligt sind. Allein die Vorarbeit dauerte ein ganzes Jahr, – die Ausarbeitung der Arbeitszonen, der Sicherheitsgrenzen, der Verträge; bevor wir überhaupt mit dem Ausbau des Labors begonnen haben, ging ein weiteres Jahr vorüber. Es mag ja stimmen, daß uns zeitweise durch die arbeitsbedingte Vielströmigkeit die Gesamtsicht verstellt ist, aber es ist doch nicht grundsätzlich so. Wozu denn sonst unser Bestreben nach Geheimhaltung, nach kleinem Arbeitskreis?
Wir arbeiten nur unserer Möglichkeit, unserer Forschung zuliebe und haben keine wirtschaftlichen Interessen verfolgt, als wir damit begannen. Wir arbeiten vielleicht für alle Ärzte und Patienten. Möglicherweise werden wir auch gut daran verdienen, doch dieser Teil spielt eine nachgeordnete Rolle.«

»Das können wir nicht von allen, an unserem Projekt beteiligten Personen sagen, aber schließlich kommt das Geld von dort, allein hätten wir einen Bruchteil dessen erreicht, auf das wir heute stolz sind«, sagt Dr. Hermes dazwischen.

Dr. Clut führt weiter aus: »Wir hätten uns nicht auf eine Person beschränken müssen, es gibt viele, die sich der Forschung zur Verfügung stellen, aber wir haben es getan. Wir hatten uns in der Überlegung der möglichen Konsequenzen auf einen begabten Menschen beschränkt, was unser Arbeitsmaterial anbelangt; einen Menschen, der diese Idee mitträgt und sein Material sowie sein Geld zur Verfügung stellt. Wir haben weiter jemanden, der daran interessiert ist, daß das Geld, das er bei der Sache angelegt hat, wenigstens erhalten bleibt, wenn es sich nicht vermehren kann.«

»Das ist der Schwachpunkt, nicht wahr?« sagt Dr. Hermes. »Es ließe sich vielleicht vermehren, später, meine ich.«

»Aber bleiben wir bei unserer und Frau Bergs Idee«, führt Dr. Clut weiter aus: »Diese zu verwirklichen brauchten wir einfach etwas mehr Kapital, und wir haben es bekommen, weil Frau Berg nicht nur eine kluge und außergewöhnlich sensible Persönlichkeit ist, sondern weil sie auch Charme und Geschäft unter einen Hut bekommen kann. Wissen Sie, wir würden sonst sehr weit hinten stehen, vielleicht noch so wie in anderen Forschungszentren, die nur nach der In-vitro-Fertilisations-Methode oder der heterologen Insemination oder sonstigen Techniken herumdoktern. Das alles kostet viel Zeit; Frau Berg war mit ihrer Naturverbundenheit auf dem richtigen Pfad, obwohl sie auf dem Gebiet Laie ist, wußte sie, daß es auch für den Menschen möglich sein muß, was die Natur bei anderen Arten vorgegeben hat. Erinnern Sie sich an die Retortenversuche? Ich bin froh, daß wir davon abgekommen sind, wir besitzen zwar noch genügend Material in verschiedenen Entwicklungsstufen für Testzwecke, aber dies geschieht doch schon für das Programm Zitha, es ist dem untergeordnet. Zitha ist das Neue. Unser Produkt. Ein klares, sauberes Produkt, ohne genetische Manipulationen.«

»Wir manipulieren doch auch, allein für die ACTH-Serie hatten wir einen hohen Verbrauch«, wirft Dr. Hermes ein, »und ohne die Zellkerntransplantationen und geklonte Kolonie wären wir mit unserer Forschung nicht so weit. Allerdings, durch das Klonen ist alles Material geworden. Wir können eine Materialschlacht damit führen. Wir denken doch nicht mehr daran, daß dies alles Lebensbeginn ist, was wir da teilen und züchten. Und ist es wirklich von Wert? Für uns ist es eine Stufe, eine Serie Beweise, um unsere Arbeit gut zu machen, um unserer Arbeit nicht zu schaden.«

»Wir haben nur nebenher, zur Sicherheit, gentechnologische Versuche machen müssen«, sagt Dr. Moviak, »aber was wurde daraus? Uns sollte bewußt sein, daß das Pfropfen von Genen unklare Verhältnisse schafft. Nichts ist vorbereitet. Es gibt nicht einmal Gesetze, die darauf eingehen, außer daß Schrott zu beseitigen ist. Aber was ist Schrott, will er auch leben?

Alles will leben, glauben Sie mir. Und wer entscheidet, was Schrott ist? Im Moment wir, weil dieser oder jener Versuch für unsere Ziele unrentabel oder unangemessen oder daneben gegangen ist. Aber wenn es das nicht wäre, wenn jemand dieses Ziel, dem untergeordnet er Entscheidungen fällt, ob Schrott oder brauchbar, nicht hätte? Auch unsere Serien werden, so sie uns die Richtigkeit unserer Theorie bewiesen haben, zerstört, ich weiß, es scheint dadurch keine Gefahr aufzukommen.«

»Aber Unwohlsein doch, nicht wahr?« Dr. Clut blickt nachdenklich auf seine Kollegen. »Es ist wahr, es handelt sich um beginnendes Leben.«

»In das wir uns nicht zu Heilzwecken, sondern zu eigenem Nutzen Eingriffe jedmöglicher Art und Umfanges zugestehen«, murmelt Hermes. »Aber was, wenn wir an Mikroben arbeiten, dort Zellkerne entfernen, oder andere Forschungsergebnisse an Mikroben für unser Forschungsziel

nutzbar anwenden? Wenn wir den Gentransfer bei den Mikroben erproben, bliebe bei unseren Zellkulturen doch der Weg über geklontes, menschliches Material von derlei Überlegungen frei. Allerdings mit Unsicherheitsfaktoren bei der endgültigen Auswertung behaftet, was wiederum zu Veränderungen im Forschungsmaterial führen könnte. Aber so können wir die Frage nach der Verantwortung etwas einschränken. Oder sind Sie anderer Ansicht?
Ich meine, können wir, um die ethische Fragestellung auf unser Produkt zu reduzieren, die Mikrobenserie weiter ausbauen, gar Gentransfer mit einschließen? Oder schließt die Frage nach dem Leben und der Einmaligkeit eines Lebewesens die Mikrobe mit ein. Was bliebe uns dann, um zu forschen?«

Dr. Moviak erregt sich: »Die Frage nach der Einmaligkeit des Lebens ist durch uns und unseresgleichen bereits gekippt. Längst wird in der Landwirtschaft, Forstwirtschaft, im Gartenbau nach den neuen Gesichtspunkten gewirtschaftet und gehandelt. Der Mensch war bisher davon ausgenommen. Es ging in den letzten Jahren um die Rendite, um mehr Fleisch, um besseres Fleisch. Es ging um Garantien, besseres Fleisch zu züchten, bessere Ernten zu erzielen.« Dr. Moviak schweigt. Es scheint fast, als wolle er nichts mehr sagen, aber dann sagt er spöttisch: »Lustig ist nur, daß die große Veränderung zuerst bei den Bevölkerungsgruppen einschlägig werden konnte, die sonst mit der Schöpfung und dem Herrgott auf gutem Fuß stehen.«

»Sehen Sie, auch die Kirche schweigt dazu, was die landwirtschaftlichen Bereiche anbelangt«, sagt Dr. Hermes.

»Das muß nicht so bleiben«, meint Moviak, »aber zum gegenwärtigen Zeitpunkt blenden die Erfolge.«

»Ach, schieben wir doch die Verantwortung nicht ab. Wir sind nur an uns und unseren Erfolgen interessiert. Dr. Movi-

ak hat doch recht, wir sind eine Hydra, eine unzerstörbare außerdem. Das ist einerseits auch gut so. Aber gerade deswegen ist Selbstkontrolle wichtig, und wir üben sie, so gut wir können.«
Können?

»Wir können sie nicht garantieren«, sagt Dr. Hermes. »Denken Sie, die Menschheit besteht aus vielen Fehlern, wenn es um Vorteile und um Macht geht.«

»Frau Berg müßte jetzt da sein«, sagt Dr. Clut, »wir wollen später weitersprechen. Trinken wir einstweilen auf die Sicherheit.« Dr. Clut steht auf und hebt sein Glas; während er den Kopf weit nach hinten beugt, um den letzten Tropfen aus dem bauchigen Glas zu trinken, sagt Dr. Hermes, sein Glas in Mundhöhe haltend: »Unserer Gedanken«.
»Wie bitte?« fragt Dr. Clut zurück. »Auf die Sicherheit unserer Gedanken«, sagt Hermes. »Auf die Kunst«, sagt Dr. Moviak und trinkt der ›Schweigsamen Lady‹ zu.

Dr. Clut eilt zur Türe, Dr. Hermes hüllt sich in Rauch. Moviak verbietet sich, an das Bild heranzutreten. Nach einigen Minuten hören sie Schritte. Als Phila Berg vor Dr. Clut eintritt, stehen sie auf.
Dr. Moviak mit kleiner Verbeugung: »Ich freue mich, Sie wiederzusehen«.
Dr. Hermes ruft aufgeräumt: »Na und ich erst, ging alles gut? Wie war die Reise? Kommen Sie, setzen Sie sich ein wenig zu uns.«
»Gibt es etwas zu feiern?« Phila deutet auf die Gläser und die Rauchschwaden.
»Sie sind da, ist das kein Grund?« fragt Dr. Moviak.
»Dann darf ich wohl mitfeiern, haben Sie noch ein Glas?«
»Wenn Sie uns vorher eine Viertelstunde opfern, ja. Wir möchten nämlich Vergleichsanalysen machen, nur ein

paar, die anderen verteilen wir auf die nächsten Tage; einverstanden?«
»Nur wenn wir nachher noch Zeit zum Feiern haben«, kontert Phila. »Also gehen wir zuerst ins Labor.«

Als sie zurückkommen, ist der Rauch kalt geworden. Schwer lagert er auf dem Glastisch, auf den Stühlen. Die Gläser sehen gebraucht aus. Schmutzig. »Möchten Sie noch Cognac?« Dr. Clut hebt die Flasche hoch. Unter ihr hat sich ein brauner Kreis gebildet.

»Wenn Sie Kaffee dazu haben, gerne«, antwortet Phila, setzt sich auf Ledergeruch in Raucharoma mit Cognacflair, sieht den drei Männern zu, die sich um sie bemühen, vor ihr den Raum von Asche befreien, die Klimaanlage einschalten.
Die Kaffeemaschine steht in der aufklappbaren Küche. Bald vertreibt der neue Geruch einen großen Teil der anderen Gerüche, vermischt sich mit dem Rest, wird wohnlich. Phila streift die hochhackigen Schuhe ab und nimmt die Beine auf den Zweiersitz. Zucker steht auf dem Tisch, dann Konservenmilch, die Tasse, die Untertasse, der Kaffeelöffel, dazwischen eine Hand, die alles auf den Tisch stellt, die Hand, die sich zurückzieht. Es sind verschiedene Hände, die Phila sieht.

Sie schlürft genußvoll. Ein sauberes Glas, dann der Cognac, der hineinfließt. »Haben Sie meine Proben regelmäßig bekommen?« Die Männer nicken. »Es ging alles gut«, sagt Dr. Hermes. Bilder an den Wänden, Phila bemerkt ein neues Bild. Es hat die Augen geschlossen und die Arme vor der Brust verschränkt, denkt Phila flüchtig, die Grünpflanzen sehen kräftig aus. Sie fragt: »Wie weit sind wir, lebt der Schmetterling noch?«

»Er lebt, und wir sind dabei, ihn aufzuwecken«, sagt Dr. Moviak.

Unter den weichen Brücken verschwinden die Ranken im Muster des großen Teppichs, entziehen sich dem Blick, werden ungewiß, nur noch aus der Rekonstruktion möglich, beenden vielleicht gar ihr Verwirrspiel.

Die Brücken. Ob das Dorf noch belebt ist? Es scheint lange her, daß ich dort gewohnt habe und meine Zöpfe geflochten. Kaffee, den gab es am Sonntag, wenn die Tanten und Onkel mit ihren Kindern zu uns aufs Dorf kamen. »Ins Grüne!« sagten sie, und »bei uns in der Stadt ist alles so laut und stickig«, aber dageblieben ist keiner im Dorf, da war es so still, zu langsam, dort konnten sie der Zeit nicht zusehen, wenn sie davonlief, dort konnten sie keinen Versuch machen, sie einzuholen, mit immer mehr Erlebnissen, immer schnellerem Gang zu irgendeiner Verabredung, zu einem Geschäft etwa, sogar zur Kirche gingen sie schnellen Schrittes. »Wenn bei euch ein Gewitter aufzieht, und ihr seid mitten in der Heuernte, eilt ihr euch nicht?« fragten sie. »Macht ihr dann keinen Wettlauf mit der Zeit?« fragten sie auf der Suche nach Vergleichen.

Das Dorf lag eingebettet im Schnee, wenn es Winter war. Rauchfahnen über dem Dach hinterließen dunkle Spuren auf dem Weiß. Die Krähen fielen näher am Dorf auf die Landschaft nieder, ihr Gesellenlied klang deutlich durch die schwarzen Äste. Eine breite Spur, ein Netz aus schmalen weißen Schnüren von Haus zu Haus, aufgeworfener Schnee, gefrorene Abdrücke; da geht es zu Phila'ahn, da zu Gernot, dort zu den andern, da geht es zu uns.

»Erkennt sie schon jemanden?«

»Wir sind bereits dabei, sie mit Lernen zu konfrontieren«, sagt Dr. Hermes.

Was können wir lernen, es bleibt doch immer eine Auswahl. Der Teppichknüpfer hatte die Möglichkeit, nach links zu knüpfen, von dort aus hätte er die Ranke teilen können, er hätte ein Blatt weiter unten ansetzen und die Früchte unter die Blattachsel setzen können. Vielleicht ist es ein freies Werk, so ein Teppich.

Unsere Schulbänke waren mit den Tischen verbunden, das Tintenfaß bereits am festen Platz, die Finger haben sich um den Federhalter gekrampft. Im Winter waren sie blaurot. Wir haben aus dem Fenster gesehen, haben die Schlehenbüsche die Felder einrahmen sehen und die Hände angehaucht dabei. Wir stellten uns vor: »Rußland ist noch kälter«, der Lehrer rieb sich die Hände, »es wird gleich warm«, sagte er, »wo ist Pommern, wie oft hat sich die polnische Grenze wohin verändert?«

Heimatgefühl ist schwer zu beschreiben, merkten wir, Österreich ist wieder geschrumpft, zu einer Schneckenform mit Schneckenhaus geworden, die Fühlhörner Bodensee sind zum großen Teil geliehen, richten sich, um zu erkunden, in die wieder auswärtige fremde Welt Deutschland, Schweiz. Wien soll das Herz sein, früher hatte es schwer zu pumpen, als die Schnecke noch keine war, sondern eine pompöse Figur über Land. Wo sind die Grenzen hinverschwunden. Werden, sind geworden, werden werden, werden irgendwann geworden sein; ich bin, du bist, bist du wirklich? wir sind, ich bin wir, wir sind ich, oder ich bin, 1 und 1 ist vielleicht zwei, oder es bleibt eins.

Die Kreidetafel draußen wird von schwarzen Blättern, während die Zeichnung entsteht, mühevoll besungen. Immer wieder die Krähen, wie sie herabfallen in den weichen Schnee über das stille Feld, eine Figur aus Vorahnung werfend. Schatten gleich. Buchstaben, Zeichen aus der Hand

des Lehrers auf der schwarzen Tafel und nur zu besonderen Anlässen mit farbiger Kreide, rote, grüne, blaue, sogar gelbe. Besondere Kreidetage zeichnen Tage an Flußufern entlang, aus der Hand des Lehrers geronnen. Aber sonst immer weiße Zeichen. Weiße Zeichen ist gleich Bedeutung mal vorgefertigter Erfahrung zum Gebrauch derer, die Gebrauch davon machen. Die Kinder vergessen, die Lehrer vergessen. Erfahrung?
Wie sollte eine Erfahrung beschaffen sein, daß sie wirksam ist? Für alle wirksam und als Mitgift brauchbar? Nein, nicht nur für ein paar Millionen armer Schweine mit ihren dumpfen Lebensschreien, den großen aufgerissenen Mündern ihrer Kinder, die nicht wissen, worum es geht; ganz ohne Machtverteilung, Erfahrung eines Volkes? Wie sähe diese aus?

»Ja bitte, gerne, Dr. Clut, ich trinke noch eine Tasse Kaffee, Sie haben es behaglich hier, ist das ein neues Bild?«
»Ja, es gehört Dr. Moviak, er ist ganz stolz darauf«, sagt Dr. Clut, »er steht oft davor, so als hätte er es erst vor einem Tag gekauft.«
»Und wie lange haben Sie es, Doktor?«
Moviak lächelt, »Fünf bis sechs Wochen«.
»Man sieht nichts Genaues, jedenfalls nicht im Zusammenhang, hier etwas, dort ein Stück«, meint Dr. Hermes. »Es ist nebulös.«

»Nebulös«, murmelt Phila. Das Wort ist zutreffend. Grauweißer Reifnebel zieht über den Bach hinauf. An den Entwässerungsgräben stehen Weiden. Der Rocksaum ist bereits steifgefroren. Im schmalen Weg gibt er ein kratzendes Geräusch zu den Schritten.
Sie bleibt stehen, sieht sich um. Nur der Rocksaum kratzt.

Das harte Knirschen des Schuhleders hat aufgehört. Im Schulhaus wird gleich das Licht im unteren Stockwerk aus- und im oberen angehen. Lachen im Netzwerk der Wege, kleine Gestalten heimwärts. Licht fällt vor die Haustüre, eine rote Mütze wird abgenommen, vor der Türe ist es schattenblau. Ein Melkkübel wird umgestoßen, es folgt kein Fluch. Eine Kuh schüttelt unwillig ihren Hals, und die Kette klirrt dabei.

Phila'ahn tritt als schwarze Fee vor die Türe, beugt sich zum Holzstoß hinab. Aus hellen Tönen, ähnlich einem langsam gespielten Xylophon, setzt sie sich eine Beige Holz auf den Arm und wendet sich wieder zur Türe, bleibt, den ziehenden Reif betrachtend, stehen, geht langsam ins Haus. In der Nacht hatten die Kühe angefangen zu husten. Einen Tag später waren alle Kinder wegen des Schneesturms nicht zur Schule gegangen. Den ganzen Tag tobte er. Niemand wußte, wie es seinem Nachbarn ging. Man konnte nichts sehen, von draußen war nur orgeln, pfeifen, peitschen zu hören und das unruhige Vieh hinten im Stall. Die Kinder drückten beim Frühstück die Nasen an die Scheiben. Gegen 10 Uhr war nur noch ein kleines rundgeblasenes Glasfenster, gerade so groß wie eine Faust, von innen zu sehen. Am Nachmittag war auch der durchsichtige Fleck an den meisten Fenstern verschwunden.
Es schien, als wüte der Schneesturm gegen die dicken Mauern an, und manchmal vermeinten sie den Druck zu spüren. Dann wurden die Gesichter schweigsam, und nur die Furcht grub sich darin ein. Im Herd glimmte die Handvoll Glut hellrot auf. Die Feuer waren unter der Asche versteckt worden. Bei jedem Angriff, den der Schneesturm durch den Kamin unternahm, traf er auf dieses pochende Herz in der dunklen Herdhöhle.

»Es ist sonderbar mit einem Bild, wenn man nichts Be-

stimmtes sieht«, sagt Phila, »man verliert dabei jeden Kontakt. Es ist so, als hätte man keinen Boden mehr unter den Füßen und man setzte all seine Fantasie ein, um ihn wieder zu bekommen.«
»Vielleicht ist es das, was der Künstler wollte«, antwortet Dr. Clut.
»Sind Sie dem Bild schon näher gekommen, Dr. Moviak?«
Phila sieht den Arzt dabei voll an. Dr. Moviak antwortet unbestimmt: »Ich bin noch dabei, wie gefällt es Ihnen?«
Phila rutscht vom Sessel und geht ohne Schuhe zum Bild. Sie steht zu nah, tritt zwei Schritte zurück.

»Es ist nicht gerade augenfällig, was gemeint ist, aber vielleicht hätte ich es auch gekauft.« Während sie spricht, dreht sie sich zu den drei Männern um. »Das sieht aus wie: kleine Männerrunde«, fügt sie lachend hinzu. »Dame im Kreis erwartend«, ergänzt Dr. Hermes. Aber Phila hat sich abermals dem Bild zugewandt.

»In diese Schlucht könnte ich immer nur hineingehen. Aber wer weiß, was da auf mich wartet.« Sie lächelt. »Ich nehme an, jeder findet einen anderen Ansatz, um in das Bild zu gelangen.«
»In das Bild?« fragt Dr. Hermes verwundert.
»Ja, in das Bild. Es ist doch keine bemalte Fläche. Es ist ein Zustand.« Die Männer blicken überrascht auf Phila. Die aber kommt zum Tisch zurück und wechselt das Thema.

»Ich möchte S I E sehen, geht das?«
»Wir haben diese Bitte erwartet. Wir haben mit Ja gestimmt. Bitte lassen Sie sich von Dr. Moviak einige Dinge über den psychischen Zustand und den geistigen Entwicklungsgrad sagen, damit Sie der Sache folgen können. Außerdem erwarten wir von Ihnen persönliche Vorschläge zur

Verbesserung der Lerninhalte«, sagt Dr. Hermes.

Dr. Moviak steht auf und begleitet Phila zu einer der Kabinen. »Sehen Sie, hier bekommt sie nach einem vorher festgesetzten Plan, der auch nicht gut erlernte Einheiten berücksichtigt, verschiedene Lerninhalte zugeteilt. Dr. Clut und ich beraten dabei Dr. Hermes, der die Hauptarbeit auf diesem Gebiet leistet. Ich schalte einmal den Monitor ein. Was möchten Sie wissen, Frau Berg?«

»Ich möchte etwas Kulturelles erfahren, geht das? Ich habe vor, China zu besuchen, aber dazu, meine ich, reichen die wenigen Reisebeschreibungen und Geschichten nicht, die ich kenne.«

Dr. Moviak drückt Phila auf den Stuhl vor dem Bildschirm. Dann bestückt er Philas Kopf mit der Haube. Er drückt auf verschiedene Knöpfe, um das Programm zusammenzustellen. Auf dem Bildschirm flimmert es. Phila hat nichts verspürt, als Dr. Moviak ihr die Haube mit den Drähten abnimmt.

»War das alles?« fragt Phila.

»Alles, das heißt, eine Einheit. Sie wissen jetzt mehr über China, Frau Berg. Zur Unterstützung gibt es visuellen Unterricht.« Auf dem Bildschirm erscheinen Gesichter. Menschen in China bei der Arbeit, beim Essen, beim Studium. Dr. Moviak schaltet ab.

»Aber das ist wunderbar, so zu lernen!« ruft Phila. »Geht es ihr gut dabei?« Phila ist etwas erregt.

»Sie läßt es nicht erkennen, aber ich denke, daß es schwer ist, auf diese Weise zu entstehen«, antwortet Dr. Moviak. »Es gibt noch viel zu tun. Wir sind im Anfangsstadium des objektiven Erfassens, und so lange ist es noch nicht her, daß sie die zelluläre Ebene verlassen hat. Wir hoffen jetzt, durch verschiedene Einflüsse, denen wir sie aussetzen, einen dynamischen Prozeß in Gang zu setzen, der außer Denken und Fühlen auch das Urteil mit einschließt. Wir streben die Entwicklung der Vielschichtigkeit an. Wir geben ihr nun erste Kontakte zur Außenwelt. Am Anfang deckten wir den Bereich über Videofilme ab. Sie ist jetzt so weit, daß wir ihr eine kleine Wohnung als Aufenthalts- und Schlafraum eingerichtet haben. Wir haben umfangreiche Installationen durchgeführt, um sie dort in jedem Raum beobachten zu können.

In ihrem Körper sind Sensoren eingebaut, die die Überwachung besonderer Reizzustände und ihres Kreislaufs garantieren. Genauere Untersuchungen werden natürlich hier gemacht, außerdem können wir mit einer mobilen Analysestation nach den Werten sehen, wenn wir sie in ihren Räumen belassen wollen.«

»Wird es gelingen?« fragt Phila. »Ist sie schon Mensch?«

»Dr. Moviak zuckt unsicher mit den Schultern. Phila bemerkt, daß dieser große Mann darüber Zweifel hegt, was er ihr jetzt antworten soll. Um der Wahrheit so nahe als möglich zu kommen, zuckt er die Schultern.

»Es ist noch zu früh«, sagt er dann. Er sieht interessant aus, denkt Phila. Wie dünn wohl seine Schale sein mag? Dr. Moviak sieht nachdenklich an Phila vorbei. Er sagt: »Es ist einfach noch zu früh, wissen Sie, manchmal bemerke ich, daß sie an einem Scheideweg steht. Wie wird sie sich jetzt verhalten? denke ich dann. Wir sind uns noch nicht ganz sicher, wir registrieren, wir sichern Daten. Eine Unmenge Daten. Wir werten sie, wir machen neue Versuche, Anläufe, geben oder nehmen Reize und Angebote.

Mitunter verwenden wir dazu chemische Substanzen, die wir ihr eingeben, um eine Versuchsreihe zu verbessern, den Stand ihrer Entwicklung zu festigen. Manchmal sind nur Anregungen und Verstärkung der körpereigenen chemischen Fähigkeiten nötig. Auch dazu haben wir zum Teil die

Schlüssel ermitteln können, aber, wie weit wir mit ihrer Antwort auf all das sind, ganz genau läßt sich dies noch nicht feststellen.

Richtig ist, daß ein Wesen aus I h r e m Zellmaterial und Zellkern heranwächst, Frau Berg. Ob es so wird wie Sie, das ist von vielen Faktoren abhängig. Das Wesen, wir nennen es ›Zitha‹, hat schließlich andere Bedingungen zu akzeptieren, vielleicht kommen andere, auch in I h n e n schlummernde und durch Unterdrückung stillgehaltene Merkmale hervor, und Zitha wird nicht Ihr Ebenbild werden.

Es ist ihre tägliche Reaktion darauf, wie sie alles aufnimmt, und die bringt doch auch so etwas wie eine, zwar von uns gesteuerte, aber aufgrund der innersten Bewältigung freie Entwicklung.

Wir können nicht alle Ströme des Gehirns planend lenken. Sie ist sicher nicht auf allen Gebieten leitbar. Es wachsen dadurch freie Zonen, sie werden von ihr selbst besetzt sein. Jedoch liegen viele der genannten Bedingungen in unserer Hand.«

»Herr Dr. Moviak, Sie nannten sie: ein Wesen. Ist sie noch keine Frau?«

»Sie wird Frau werden«, sagt Dr. Moviak, »sie hat bereits den Körper einer Frau, die Geschlechtsmerkmale sind vorhanden, allerdings fanden wir es besser, den natürlichen Geschlechtstrieb und die Funktionen zu unterbinden. In einigen Tagen werden wir mit der Freigabe der spezifischen weiblichen Körperfunktionen, zum Beispiel der Eierstökke, anfangen.«

»Obwohl sie das nicht mehr benötigen wird, nehme ich an«, sagt Phila. Sie lächelt. »Das ist ein sonderbares Gefühl, wenn ich mir es überlege«, fügt sie hinzu.

»Nein, sie wird es nicht benötigen, aber wir wollen uns

doch an das Prinzip der Genauigkeit so weit als möglich halten, nicht wahr?« fragt Dr. Moviak zurück. »Gehen wir zu den anderen.«

Dr. Clut lehnt ruhig im Sessel, als sie den Kabinenteil verlassen und zurückkommen. »Nun, Frau Berg, gefallen Ihnen die Lernstübchen?« Phila nickt.

»Ich habe auf Sie gewartet, wir werden gleich hinübergehen, sie schläft, wir möchten nicht, daß Sie sie im Wachzustand besuchen. Dr. Hermes ist schon bei ihr.«

Phila ist mitten im Raum stehengeblieben. Unter ihren Füßen rankt sich das Muster des Teppichs. Ihr hoher schmaler Körper, das schöne Haar über den Augen, die wachen Augen selbst. Sie blickt von einem Herrn zum anderen.

»Ich wollte Sie fragen, inwieweit die Möglichkeit besteht, daß einer der Angestellten von unserem Forschungsprojekt etwas nach außen tragen könnte?«

»Das ist kaum möglich. Die Arbeiten werden je nach Sicherheitsstufen eingeteilt, dies war doch unsere gemeinsame Planung. Warum? Glauben Sie, etwas ist in die Öffentlichkeit gedrungen? Was haben Sie bemerkt? Das Forschungsprojekt ist in verschiedene Sicherheitskreise eingeteilt. Den innersten bilden wir. Ich glaube auch nicht, daß die Arbeit ›Weißer Schmetterling‹ in die Öffentlichkeit gedrungen ist. Es wäre einfach fatal. Die Zeit wäre ungeeignet. Nichts wäre fertig«, meint Dr. Moviak.

Phila geht zur Handtasche, die auf dem Boden neben ihrem Sessel liegt, hebt sie auf, öffnet sie, kramt darin. Unter der Sonnenbrille fischt sie ein in ein Taschentuch gerolltes Päckchen heraus, öffnet es und zeigt den Herren den kunstvollen Halsschmuck.

»Ein weißer Schmetterling«, sagt sie beherrscht. »Ich habe ihn gestern beim Empfang von einem Herrn verehrt bekommen«.

Beide Männer schweigen betreten.

»Ich muß hinzufügen«, sagt Phila, »daß von mir niemand etwas von dem Projekt erfahren hat, und daß ich die von mir genommenen und von Ihnen benötigten Vergleichsproben und Blutanalysen über nur einen Kontaktmann, nämlich über den mit Ihnen abgesprochenen Dr. Billy Samuel, dem ich vertraue, Ihnen habe zukommen lassen. Dr. Samuel hat auch später alle Proben genommen. Ich bin wie jeder normale Patient zu ihm in die Sprechstunde gegangen, denn das fiel am wenigsten auf.
Ich hatte gestern Mühe, meinen Schrecken nicht zu zeigen, und die anschließende Pressekonferenz war schwer zu überstehen«, fügt sie nach einer kleinen Pause, in der Spannung aufkommt, hinzu. »Auch Marc war äußerst beunruhigt. Er hat außerdem erfahren, daß dieser Gast sich alle Mühe gegeben und seinen Einfluß geltend gemacht hat, gestern eingeladen zu werden.«

Dr. Moviak hält das Schmuckstück hin- und herwendend in seinen Händen. »Er muß viel von unserem Wunschziel erfahren haben«, sagt er dann. »Diese Arbeit wurde mit Kenntnis unserer Vorstellung und mit der Symbolsprache vertraut, gefertigt. Es ist eine teure Arbeit. Wir müssen herausbekommen, was er im Schilde führt.«

Die Türe geht auf. Dr. Hermes blickt herein. Er kommt näher, als er die betretenen Gesichter sieht.

»Das hat Frau Berg gestern von einem Herrn bekommen. Als Geschenk!« sagt Dr. Clut und deutet auf den Schmuck.

Dr. Hermes spürt ein Kräuseln im Nacken. Meine Muskeln ziehen sich zusammen, denkt er. Jetzt, wo wir so weit fortgeschritten sind, jetzt, wo wir sehen, daß es wirklich möglich ist. Jetzt, wo sie anfängt, mehr und mehr zu werden, so ein Kacke, so eine verdammte Kacke. Zum darin

Herumtrampeln ist das!
Er spürt eine unbändige Wut in sich heraufsteigen. Vorbereitende Affekthandlungen sperren, Streßsituation abbauen, denkt er, abbauen, abbauen, laß es weniger werden, dreh das Ding in den Fingern, denkt er krampfhaft.
Er nimmt das Schmuckstück aus Dr. Moviaks Händen und dreht es in seinen eigenen. Er wirft das Schmuckstück nicht an die Wand, er dreht und dreht es, dann gibt er es wieder an Dr. Moviak zurück und sagt: »Wir sollten sehen, wer dahinter steckt. Wir sollten abwarten, was er will. Wenn er etwas will, wird er noch deutlicher werden müssen. Wir gewinnen etwas Zeit damit. Können Sie mit Ihren Freunden die Stellung draußen halten? Im Moment machen wir weiter wie gehabt, nur die Augen bleiben offen.« Er wendet sich dabei an Phila, die zustimmt: »Sicher«, sagt sie.

»Aber was ist mit den Laboranten?« fragt Dr. Clut in die Runde. »Ich denke, wir beobachten hier ebenso, wie Frau Berg es draußen tut, lassen die Proben normal durchlaufen, verstärken die alten Serien ein wenig, machen Schlüsselversuche, enzymatische Serien, versteifen uns vorübergehend auf parallel verlaufende Versuche, nehmen vielleicht ältere Generationsversuche wieder stärker ins Programm. Jedenfalls keine abrupte Unterbrechung, nur eine Vielseitigkeit, in der die notwendigen Versuchsprogramme und Vergleiche mitlaufen und untergehen.«

»Wir können auch hier und da ein Programm leicht verstärken«, sagt. Dr. Moviak.
»Den internsten Teil dehnen wir langsam aus, das heißt, wir übernehmen noch etwas mehr Arbeit«, ergänzt Dr. Hermes.

»Das Labor hat natürlich auch von Kliniken und Privatpraxen Aufträge, wir werden versuchen, die zu vermehren, ich werde Anweisungen geben«, sagt Dr. Clut zu Phila und: »Das ist alles doch sehr unerfreulich, aber Dr. Hermes hat recht, lassen wir den Feind näherkommen.«

Dr. Moviak gibt Phila das Schmuckstück zurück. »Sie werden es für Ihre weitere Bekanntschaft sicher noch benötigen, Frau Berg«, Moviak lächelt dabei ernst in Philas Augen. »Gehen wir hinüber.« Er hält Phila die Türe auf. Phila hat das deutliche Gefühl, als würden ihnen die Bilder nachsehen.

Neben dem Labor, in dem Phila die Kurzuntersuchung hat über sich ergehen lassen, ist ein zweiter Raum. Phila weiß, daß es hier unten einige solcher Räume gibt. Vielleicht sind es nur zehn Schritte bis zur Liege.
Phila bleibt an der Türe stehen, zögert, auf die weißen Laken, auf die langgestreckte Figur zuzugehen. Unter der leichten Decke bewegt sich nichts, langgezogene Falten aus Marmor gehauen. Unter dem Marmor, dem unbewegten Stein, ist eine hohle Form, da wird sie sein.

Ihr Laufen dorthin sind mühevolle Schritte, ein Zurückgehen zum eigenen Kindergesicht im blühenden Gras. Die Halme stehen bis zu ihrem Kinn. Mit ihren Armen macht sie rudernde Bewegungen über dem graugrünen Meer. Sie hat die anderen unter dem Apfelbaum gelassen, im kühlenden Schatten. Sie hat sich nicht dazugesetzt. Im Stehen trank sie Himbeersaft, der ihr gereicht wurde. Hinter ihrem Rücken vernahm sie, ein Brot kauend und sich entfernend, wohliges Gemurmel und Stöhnen, wie es Menschen an heißen Tagen, die sie durch eine verdiente Jausezeit im Schatten unterbrechen, machen. Zwei etwas voneinander entfernte prächtige Apfelbäume geben den erhitzten und angestrengten Bauernfamilien ein kühles Zelt. Der Krug macht die Runde, Bierflaschen zischen verhalten beim Öffnen. Brot und Speck abschneiden vor der Brust, Späße, Lachen,

Äpfel, Kinder, die sich balgen, unter dem zweiten Baum einer, der den kleinen Schlaf liebt.
Saure Gurken, Kürbisse, Tropfen am Kinn, der Hanna ihre Waden unter blauem Kleid sind weiß. Männer im Unterhemd, Schweiß auf der Brust, unter den Achseln riecht er. Die Hüte werfen sie in die Äste, Fremdfrüchte dort, auch sie sind naß vor Schweiß, Hunde balgen im Schatten, liegen hechelnd, die Zunge hängt rot und zuckend.
Staubig und zerzaust, Röcke werden über die Knie gezogen, die Bäuerin hat rosa Flanellunterhosen mit langem Bein, aber sonst sieht man nichts, bei der Hitze, die dünne Falte zwischen den Brüsten hat Heublumen gefangen, die Bernadette lacht, als einer ihr die verklebten Heublumen zeigt.

Ihr Kopf im tiefen Grasmeer schwimmt weiter. Mit rudernden Gebärden schafft sie sich Platz, ist bereits im harten Schilfgras angekommen. Der Boden wird schwammig. Sie spürt die kühle Masse um ihren Fuß und durch die Sandalen rinnen. An zwei Birken vorbei, ein Busch auf noch festem Grund. Das Gras peitscht. Die Knöchel im moosbraunen Wasser sinken. Ihr wird kühl.
Zwei Anstrengungen weiter ein halb vermoderter Baum, eine kleine Erle, eher ein Erlenbusch, daran festhalten, sich hinaufziehen auf den liegengebliebenen Stein, sich gleich flach hinlegen auf den Bauch, sich umdrehen, wie eine Schlange sein und das Kleid abstreifen, die Sandalen trocknen, die Sonne durch die Unterhose spüren auf dem Hinterteil bis in die Falten und bis hinauf zu den Achseln. Sie legt die Wange auf den heißen Stein, die Sonne legt eine wärmende Bahn von den Fersen zum Nacken.

Sie tastet mit geschlossenen Augen den Rand der Steinplatte ab, auf der sie liegt. Flechten, trockenes Moos, ein winziger junger Baum in einer Ritze. So klein, eine Birke?

Dieser Stein würde in wenigen Jahren sein Gesicht verändert haben. Die Birke würde dann mannshoch sein und Schatten werfen.
Sie tastet weiter. Auf einem kleinen Vorsprung liegt Erde. Bröselig und trocken. Kleine Sämereien, ein Kirschkern. Der war von ihr. Vom letzten Jahr. Sie zieht sich zum Rand und sieht in den sumpfigen See.
Ein weißes, ruhiges Gesicht, zwei Augenbrauenbögen, Schattenflächen, ein Himbeermund, genau gezeichnet, Mundwinkel nicht fest. Bläuliche Schläfen. Wolkenrundungen um das Gesicht. Kinderzeichnung, helles Haar, ein Haarkranz herabhängend, ausgestreckte Spinnfäden auf dem Weiß. Der Himmel scheint dunkel. Das Gesicht bewegt sich nicht. So ruhig liegt mein Gesicht auf tiefem Grund? Liegt mein Gesicht direkt unter dem Wasserspiegel? Liegt mein Gesicht auf dem Wasserspiegel? Liegt mein Gesicht nur in meinen Augen, oder liegt es zwischen alledem?

Phila richtet sich auf. Ein so ruhiges Gesicht, lebt sie? Sie betrachtet die helle Gestalt. »Sie ist so ruhig!«
»Sie schläft nur. Aber dieser Schlaf ist belebt. In etwa einer Stunde wird sie aufwachen«, sagt einer der Ärzte. Sie weiß nicht, wer es sagt, sie hört nur die Stimme.

»Ich muß zurück«, sagt Phila. »Sie sieht so still und jung aus.«
Aus der Ferne kommen weitere Worte, Begriffe, an ihrem Gehör vorbei, bleiben nicht, warten nicht, bis sie sie versteht . . .

»In kurzer Zeit dann, wenn wir Ihr Leben, Frau Berg, mit Ihren Erinnerungen in unser Lern- und Erfahrungsprogramm aufnehmen, dann wird sich der Zustand der Reife angleichen, ansonsten, bedenken Sie: wir sind erst zwei

Jahre damit beschäftigt, sie zu kultivieren. Alles miteingerechnet. Die körperliche Entwicklungsarbeit ist im großen und ganzen abgeschlossen. Es bedarf jetzt anderer, vielleicht noch komplizierterer Arbeit an ihr.«

Phila schaut schweigend auf die junge Frau. Es ist ihr, als drehe sie sich, auf dem flachen Stein liegend, dem Himmel zu und als müsse sie wegen des gleißenden Sonnenlichtes die Augen schließen, und sie schließt die Augen.

Liegen, ganz ruhig liegen, wie aus Stein, als wäre, weil sie so oft auf dem Stein gelegen hatte, ihre Figur, die Figur eines dreizehnjährigen Mädchens, in Stein entstanden, und diese würde sie auch auf dem Stein vertreten, wenn sie weg mußte.

Auch wenn es nur ein kleines Stück war, so war es, als hätten zwei Philas am Wasser gelegen und eine entferne sich, sich nochmals umwendend, und sehe sich auf dem Stein liegend als steinernes Bildnis, Zeugnis des Dagewesenseins und Gehens und doch den Stein nicht verlassend. Bereit zur Betrachtung von sich selbst, Bild zu sein, Bestätigung, ja, das bin ich. Das bin ich auch.

Aber dies ist kein Traumspiel mehr aus Kindertagen.

Wenn sie jetzt ging, wenn sie zurückschwamm durch das Grasmeer, den Kopf über den blühenden Halmen, mit den Armen rudernd, würde das Steinbild, ihren Platz einnehmend, bleiben. Phila konnte kommen und gehen, eine sich im Sumpfgras und Schilf verlierende Schneise hinterlassend, bis zur Skulptur. Ein schmaler Weg war bereitet, um schneller voranzukommen. Hocherhobenen Kopfes, oder gedeckt, auf allen Vieren hinschleichend, oder als Weg für den Wind, wenn er vom Blütenstaub der Gräser besäuselt in die Furche fiel. Ein Weg, der es bei der Heuernte ermöglichte, ihren Platz leicht zu finden. Ein Blick reichte zukünftig wohl aus, das nasse Moos zu spüren, wie es hindurchlief unter den nackten Füßen. Das Leder der Sandalen wurde dunkelbraun dabei.

Dr. Clut begleitet Frau Berg zurück. »Sehen wir uns morgen?«
Phila nickt wie betäubt, »Ja, ich komme, Dr. Clut, ich komme.«
»Also um dieselbe Zeit wie heute.«

– · –

Dr. Clut verabschiedet sich, schließt die Türe hinter ihr zu, sich entfernende Schritte sind nicht zu hören, nur ihre Angst hört sie, wie sie sich einnistet in ihr. Sie hört ihr zu, wie sie sich ausbreitet, mit ihrem ganzen Gepäck bei ihr einzieht.
Schon liegen unaufgeräumte Gepäckstücke im Treppenhaus und in den Fluren, aus großen Stoffsäcken, unordentlich geschnürt, quillt allerlei Gerätschaft. Sie nistet oben im Gebälk, wie ein ungebetener Gast, der nach und nach das Haus für sich beansprucht, und will, daß die Gastgeberin davon Kenntnis nimmt. Deshalb legt die Angst ihre Gebrauchsartikel, Masken und Kleider ins Haus. Zwischen den Türrahmen häufen sich aufgerissene Kartons. Es ist ein Hindernislauf, wenn sich Phila entschließt, ihren Gast, der mit schlimmen Augen listig die Treppe hinauf unter die Dachsparren huscht, um von dort auf sie herabzusehen, zu verfolgen, und ihn zu verweisen sucht.

– · –

Phila spürt die Lähmung in ihren Gliedern sich legen, sie geht mit ungelenken Beinen auf und ab, ich muß, denkt sie, die Sache ruhig und als gewollt angehen, dann wird sich wieder Klarheit einstellen.
Sie bereitet sich langsam vor, den Raum zu verlassen. Sie rührt heute nichts an, sie schenkt sich nicht einmal ein Glas Magenbitter ein, obwohl sie ihn braucht. Jetzt hinausgehen, zusperren, einen Häuserblock weit laufen, dann ein Taxi rufen und zu Marc ins Hotel fahren. Keinen Staub in der Hotelhalle sehen, der Portier grüßt mit einer angenehmen kleinen Verbeugung, die dem Star gilt, aber nicht dem Gast, vielleicht ein wenig der Frau, die ein Star ist. Und er wird nicht wissen, daß sie seine Arbeitgeberin ist. Den beiden Hausmädchen werde ich irgendwann Kinokarten hinterlegen lassen, denkt sie schwach.

Phila ruft im Hotel an, läßt sich mit Marc verbinden. »Hole mich ab, die kleine Kneipe hinter dem Künstlercafé, die keiner von uns besucht, da bin ich.«

Marc kommt. Sie fahren durch die Stadt. Ein Reklamebuch, das sich aufblättert vom Hindurchfahren. Ein Fotoalbum: Nah, Totale, Halbnah, Gesichter, Bewegungsabläufe, Zeitlupe, Zeitraffer, Standbild fotografiert, linkes Bein beginnt sich nach vorne zu schieben, löst sich vom Asphalt, klick, klick, kommt höher und am anderen Bein vorbei, klick, klick. Philas Augen lösen Bewegungen auf, fotografieren, filmen, und sie versteht nichts davon – versteht alles. Leute stehen in Gruppen, in kleinen, großen, größeren. Leute . . .

Vor den Kinos Menschenschlangen. Fahr immer weiter, Marc, mein Guter, und mache kein so besorgtes Gesicht, ich werde dir nicht antworten. Ich kann dir gar nicht antworten. Nicht wahrheitsgemäß. Ich müßte nach Worten su-

chen und wissen, daß es die gesuchten Worte nicht gibt, so ist mir zumute.
Ich schweige neben dir, weil es nichts mehr zu sagen gibt, und das, was es zu sagen gäbe, liegt hinter dem, was es nicht gibt. Darum fahre weiter, es wird Nacht, die Stadt fängt an zu blühen. Ein richtiger Garten aus Lichtreklamen. Fahr weiter, und dann trinken wir etwas zusammen. ›Sie‹ trinkt noch nicht. Ich trank noch nicht. Ich, mein genaues Ebenbild, hing im Labor am seidenen Faden. Monate hindurch trank ich, mein genaues Ebenbild, mit einem, im Surrogat aus ausgeklüngelten Werten vernetzten und wurzelähnlichen Fäden versehenen Rückgrat, Ahnung und Wissen von drei wißbegierigen Forschern. Ich, Phila, zweimal vorhanden, hatte die Idee dazu. Und Geld. Viel Geld.

»Hast du ›Sie‹ sehen können?« fragt Marc.
Sie sitzen in einer Bar, die noch ruhig und wenig besucht ist. Vor 24 Uhr ist nichts los. Ein paar Gäste, das Personal, eine noch im Halbdunkel liegende Bühne. Der Mann am Klavier blättert in den Noten.

Phila wippt mit den schmalen Beinen. »Ich habe jetzt vier solcher Beine, ist das nicht schön, Marc?«

Marc hört den dicken Kloß in Philas Hals und legt ihr die Hand unter das Kinn. »Sieh mich an, Phila«, sagt er.

»Ich habe jetzt vier Augen, Marc, wirst du das ertragen?«

Der Klavierspieler holt ein paar Töne ins matte Licht, hört auf, sucht weiter. Er kann sich nicht entschließen. Sein Rücken, ein feiner Bogen zum Klavier. Er legt die Notenblätter geschlossen vor sich auf das Klavier, ein ganzes Paket Melodien, in denen er nichts gefunden hat, was seine Stimmung ausdrücken könnte, und so fängt er an zu improvisieren. Leise, tastend, fragend.

Marc zieht Phila mit festem Griff an sich. Aneinandergepreßt stehen sie auf, und Marc fängt an, Phila im Tanz zu bewegen. Beim ersten Schritt scharren ihrer beider Stühle, ein Gast dreht sich nach ihnen um, aber nur ganz kurz.

Marc spürt Phila an seiner Brust hängen. Sein Arm hält ihren Rücken fest, sie kann nicht von seiner Brust über den Bauch an den Knien vorbei auf den Boden sacken.

Der Klavierspieler kommt zu einer zarten Melodie, die er in sich gefunden hat. Er spielt sie sich vor. Er sieht, daß ein Mann und eine schöne Frau tanzen, und er weiß, daß sie es nicht seiner Melodie wegen tun. Die Frau hat ihre Augen geschlossen. Sie erinnert ihn an eine Stoffpuppe, so unnatürlich bewegen sich die Beine.
Der Klavierspieler sieht, daß der Mann die Frau im Tanz bewegt, um sie wachzuhalten, so als hätte sie ein schweres Betäubungsmittel zu sich genommen und als dürfe sie auf keinen Fall in den Schlaf fallen, da dieser tödlich sein könnte.
Der Klavierspieler spielt und fängt an, mit seiner Melodie gegen den tödlichen Schlaf der Frau zu kämpfen. Er kämpft mit Marc, bis der schmale Rücken der Frau zu krampfen beginnt und ihr entfesseltes Weinen anfängt. Er begleitet und entfacht das Weh, der Mann tanzt mit der Frau an seinen Körper gepreßt.
Der Klavierspieler begleitet die auf- und abebbenden Wellen, bis die Frau ihren Kopf auf der Brust des Mannes ausruht und noch eine ganze Weile weiter, so lange, bis es ihr möglich ist stehenzubleiben, und ihren Willen, sitzen-zuwollen, kundzutun.
Der Klavierspieler sieht später zu, wie der Mann und die Frau das Lokal verlassen.

Marc fährt vor den Hoteleingang. Im Halbdunkel, ein großzügiger Lichtkreis, der Portier, die Zeitung, der kleine Teil einer langen Nacht.
Der Nachtportier kommt an die Türe. Als er aufsperrt, das Paar draußen, er drinnen, glimmt Rot, Grün, Rot, Grün durch den schwarzvioletten Himmel und verschwindet hinter dem ausgefransten Scherenschnitt.
Der Nachtportier weiß, daß es der Wald ist, der an die Stadt grenzt, und er weiß, daß es die Maschine nach Tokio war, die kleinen Notlämpchen unter dem Gepäcknetz sind darauf aus, Haaransätze und Nasenrücken zu beleuchten, aus der Orientierungslosigkeit herauszuhalten, und unten sehen die noch Ruhelosen eine Stadt.

Hinter Marc und Phila fahren Autos, der Nachtportier hat den Schlüssel im Schloß gedreht, er weiß, daß die zwei einen Barbesuch hinter sich haben. Er riecht es. Er sieht, daß die Frau aufgewühlt war heute abend, daß der Mann besorgt war. Er sieht, daß es jetzt vorbei ist. Daß sie keine Kraft haben, weiter aufgewühlt und besorgt zu sein.
»Guten Abend«, sagt er und sperrt hinter ihnen zu, überholt sie auf dem Teppich, er kennt sich im Halbdunkel aus. Er greift nach drei Gläsern, schenkt von seinem Guten ein. »Geben Sie mir die Ehre?« sagt er, die Gläser über die Platte schiebend.
»Meine Frau bewundert Sie«, sagt er zu Phila; Phila sieht den Mann dankend an. »Das ist genau das richtige zum Schlafengehen, und Sie, wie ist es mit Ihnen? Bewundern Sie mich? Oder geht Ihre Frau allein ins Kino?« Phila weiß, daß sie sich weit vorwagt. »An mir gibt es nichts, was es zu bewundern gäbe, und heute bin ich betrunken«, Phila gluckst ein wenig, »Sagen Sie Ihrer Frau, ich bin ganz normal. Ja, ganz normal, ein ganz normaler Mensch steht vor Ihnen, nur ein wenig betrunken, wie heißen Sie,

Herr Nachtportier?«

»Hartmann«, sagt der Nachtportier mit einer kleinen Verbeugung.

»Zum Wohl, Herr Hartmann«, sagt Phila und kippt die Flüssigkeit auf einmal in den Mund. Marc trinkt, schaut über den Glasrand in Hartmanns Augen. Unter grauem Haaransatz wache, freundliche Augen, und er sieht, daß dieser Mann ein Gespür für menschliche Unzulänglichkeiten hat und diese nicht ausnutzt.

»Ich kenne Sie nur als Gast, Frau Berg, und aus Zeitungen. Wissen Sie, meine Frau, die kennt Sie aus Filmen. Ja, und dann reden wir, wie jeder Sie sieht. Beim zweiten Frühstück, wissen Sie, ich lese natürlich die Kritiken und Ankündigungen, aber meine Frau, die sieht Sie in Aktion.« Hartmann lehnt sich etwas über die Platte, seine Zeitung raschelt unter dem Armdruck. »Meine Frau vertreibt sich im Kino die langen Abende. Ich bin ja die ganze Nacht weg.« Der Nachtportier lächelt, »Wenn es uns sehr schwer fällt, oder wenn wir im Streit auseinander gegangen sind, na ja, dann ruft sie schon mal hier an, oder ich bei ihr, und sage ihr eine Gute Nacht.«

Marc nickt verständnisvoll.

»Herr Nachtportier, ich bin ein klein wenig«, Phila deutet das Maß mit zwei Fingern an, »so ein klein bißchen beschwipst, aber sonst bin ich ganz normal. Und jetzt vielen Dank, Herr Hartmann, ich muß schlafen gehen, sonst ist die Schönheit dahin, jawohl, sagen Sie Ihrer Frau, daß ich schlafen gegangen bin.«

Marc stellt das Glas zurück und stützt Phila bis zum Fahrstuhl.

»Gute Nacht, Frau Berg. Gute Nacht. Moment bitte, da liegt eine Nachricht für Sie.«

Die Nachricht ist von Putzi, er will um 11 Uhr vorbei-

kommen und Fotografen mitbringen. Marc liest und steckt die Nachricht weg. Der Aufzug kommt.
Der Nachtportier sieht, wie die Kabine nach oben fährt, dann stellt er die Gläser weg. Vor der Türe stehen die vier Japaner vom dritten Stock, und das Telefon summt.

Phila wird von einem gleichmäßigen, leisen Scharren aus dem Schlaf in einen Traumzustand, der weder als Schlaf noch als Wachsein empfunden wird, versetzt. Ihr Ohr hat diesen Ton schon einmal vernommen. Gleichmäßig, sorgsam, immer im gleichen Takt, weit weg. Da es ihr nicht gelingt aufzuwachen, erinnert sie sich nicht, woher sie diesen Ton kennt.
Filme, aus einem der Filme vielleicht. Aber es gelingt ihr nicht, die Szenen in den Filmen auseinanderzuhalten, ein wildes Kesseltreiben von Szenarien, die sich untereinander vermischen, auflösen, zu anderen Szenen gemischt vor ihr auftauchen, während das gleichmäßige Scharren bleibt. Sie dreht sich um.
Ihr Körper ist nach dieser Drehung erschöpft, und das Scharren begleitet sie in den zweiten Schlaf, aus dem sie abermals heraufsickert in die Nähe der bewußten Wahrnehmung. Das Scharren kommt näher und ist trotzdem leise und weit genug entfernt, sie nicht vollständig aufzuwecken.

Um 10 Uhr wird sie von Marc geweckt, sie frühstücken gemeinsam. Phila fühlt sich besser. Die Vorhänge bauschen sich am Fenster, es riecht nach Morgen, rosa Wolken und Gras. Sie lehnt sich aus dem Fenster, unten am runden Beet ein großer Strohhut, der sich auf perspektivisch verkürzten Beinen bewegt.
»Wenn ich jetzt eine Katze auf einem Baum wäre . . .« sagt sie, Marc kommt hinzu und lacht mit ihr.

Putzi kommt, »Der Fototermin! Habt ihr meine Nachricht erhalten? Wo sollen wir die Fotos machen, hier?« Putzi ist in seine Aktivität verliebt, »Phila, gib mir ein Küßchen, bevor du dich puderst, das nenne ich echt, also wo?«

»Im Garten, wenn es der Gärtner erlaubt«, sagt Phila. »Mit den feinen Zeichnungen im Kies als Vordergrund.«

Neugierige, Autogrammjäger, Filmfreunde, Nicolas trinkt zwischen den Aufnahmen Gin-Orange mit ihr. »Ich habe dir das Drehbuch und erste Texte mitgebracht, komm morgen um 8 Uhr, wir machen Gesichtsstudien, Beleuchtung, Maske und sowas, du kennst es ja, geht es dir gut? Marc kümmert sich um dich, wie ich sehe, du kannst mit dem Text schon anfangen. Also ich muß jetzt gehen, du weißt doch, der Klominge sorgt sich, ob der Film zur rechten Zeit fertig ist.«

Nicolas lacht heiter, küßt Phila und schreitet eilig über den Weg, seiner Arbeit zu.

Mitten über die Kieszeichnung, denkt Phila, und nickt ihm hinterher. Es werden noch Fotos gemacht, Phila ist müde und lächelt zart an der Kamera vorbei.

Der Gärtner ist aus seinem Garten verschwunden, an seiner Stelle stehen fremde und bekannte Gesichter zwischen Rosen und unter Bäumen.

In der Halle wartet Herr Finkgast das Ende des Fototermins ab, nachdem er vom Wintergarten aus einige Zeit zugesehen hat, wie frei und fröhlich Phila posiert. Er wird sie zum Essen führen und ihr sagen, daß sie schön ist. Ein schönes ›einmaliges‹ Wesen.

Vor der Türe sind einige Neugierige, und er wird mit Phila aus dem Hotel kommen. Vielleicht sind auch vor dem Eingang Fotografen. Vier Japaner kommen, Kameras anstatt Orden für verdienstvolles Knipsen vor der Brust, vom Garten her durch die Halle, an einem Herrn mit der Zeitung vor dem Gesicht vorbei, und gehen auf die Straße.

Finkgast trinkt ein stilles Wasser und wartet. Es kommt jetzt nicht auf ein paar Minuten länger an und in seiner Mission nicht auf ein paar Wochen.

*

Zitha verbringt, nachdem sie aufgewacht ist, den Rest des Tages im Labor. Dr. Hermes und Dr. Clut erzählen ihr von ihrem kleinen Schwächeanfall. Dann bringt Lon sie in ihre Behausung und bleibt bei ihr.

Sie essen gemeinsam, dann spielen sie ›Mensch ärgere dich nicht‹. Aber Zitha spürt ein Ziehen in ihrer Brust, wenn Lon ihre Figuren umwirft, um sich auf ihr Feld zu setzen. Sie zählt ihrerseits die Punkte so ab, und entscheidet sich für diejenige Lauffigur, die Lons Feld nicht besetzen muß, und sie zögert lange, wenn sie gezwungen ist, Lons Spielmännchen zu vertreiben.

Lon bemerkt den Spielverlauf und macht sie darauf aufmerksam, daß die Spielregel anders laute und sie ihn vertreiben lernen müsse! Daraufhin steht Zitha auf und setzt sich auf die Toilette, ohne die Türe zu schließen.

Lon bleibt, bis Zitha zu Bett muß.

Zitha sieht, daß Lon sie anders betrachtet als in der Zeit vorher, aber sie sagt nicht, daß sie dies bemerkt.

Am Morgen ist sie früh wach. Lange, bevor Lon sie anruft, ist sie fertig. Es eilt ihr, ins Labor zu kommen.

Während die Ärzte sich um sie bemühen, versucht sie, sich

zu erinnern. Wieder war es das leise Gluckern und verschiedene andere Geräusche, die sie interessieren.
Sie horcht angestrengt. Es kam ihr bekannt vor, so als wüßten all ihre Zellen von diesen Dingen. Fast vergaß sie die andere, die Erwartete, die ihr vielleicht sagen konnte, woher sie stammte.

Dr. Clut untersuchte sie von Kopf bis Fuß, und Zitha ließ alles bereitwillig über sich ergehen. »Es ist alles soweit gut entwickelt. Was den Uterus angeht, so ist er etwas klein, ich bin aber trotzdem dafür, daß wir jetzt die Sache ihren normalen Gang nehmen lassen sollten und für den Anfang eine kleine Hormongabe reichen. Dr. Hermes, Dr. Moviak, würden Sie Zitha mit den bevorstehenden Veränderungen bekannt machen und ihr entsprechendes Lernmaterial zukommen lassen?«

In der Kabine hört Zitha keine Laborgeräusche. Sie bekommt die Haube, sie spürt die Einheiten ankommen. Sie bekommt Bildmaterial, Lon spricht mit sanfter Stimme zu ihr. Später sagt er aufmunternd:

»Ich werde mich heute mit jener Dame treffen. Vielleicht erzählt sie mir etwas über sich, und ich werde es Ihnen berichten. Am besten ist, daß, falls die Dame sich bereiterklärt zu helfen, wir versuchen werden, eine lückenlose Zusammenstellung der für Sie, Zitha, wichtigen Erlebnisse der Dame aufzuarbeiten und Ihnen weiterzugeben. Wir hoffen, daß es Ihnen hilft, Ihre persönliche Geschichte zu finden, oder wenigstens Bausteine dazu.«

»Danke, Lon, das ist sehr nett von Ihnen«, sagt Zitha und lauscht in sich. »Ich hatte gestern, als mir schwindelig war, und ich wohl ein wenig geschlafen hatte, das Gefühl, ich läge in einem Spiegel oder in einem Wasser, ich weiß nicht mehr, und ich sah mein Gesicht zu mir herabgebeugt. Ich war aber noch jünger. Es muß ein Bild von früher gewesen sein, aus der Kinderzeit? Dann schien mir wieder das Bild der Frau dazwischenzukommen.«

»Vielleicht«, sagt Lon, »war es nur ein Traum. Sie waren etwas erregt gestern, und dann der Schwächeanfall . . .«

»Ja, das kann sein«, sagt Zitha leise und lauscht wieder in sich. »Wo hat man mich denn gefunden?« fragt sie dann. Sie sieht Lon von der Seite an.

»Das habe ich Ihnen schon so oft erzählt. Sie waren plötzlich da. Sie waren einfach plötzlich und in nicht sehr gutem Zustand da. Ganz in der Nähe. Wir haben Sie dann gepflegt, bis Sie soweit waren, wie Sie jetzt sind. Sie hatten keine stabile Gesundheit, kein Gedächtnis, ein Lebewesen ohne Sinn und Verstand.«

Lon tätschelt Zithas Hände, »Aber jetzt ist vieles wieder nachgeholt, Sie müssen sich keine Sorgen mehr machen.«

»Und wenn ich meine Vergangenheit nicht finden kann? Wenn all die Arbeit nichts nutzt?« fragt Zitha weiter.

Lon schweigt eine Weile, dann sagt er bestimmt: »Dann fangen Sie jetzt damit an, sich eine Vergangenheit zu erwerben. Aber vielleicht klappt es mit Frau Berg?«

»Meine Mutter ist sie nicht«, sagt Zitha, »wir sind ähnlich alt.«

»Fast gleichaltrig«, verbessert Lon.

»Vielleicht ist sie meine Schwester? Meine Zwillingsschwester, und wir sind auseinandergerissen worden? Ich meine, als wir noch ganz klein waren, ist das möglich?«

»Alles ist möglich«, sagt Lon.

»So, wir sollten noch ein paar Dinge bei Dr. Clut erledigen, dann bringe ich Sie zurück,« Lon nimmt Zithas Arm, »kommen Sie!«

Als sie wieder in den Laborräumen sind, horcht Zitha aufmerksam und selektiert in ihrer dumpfen Erinnerung

die Geräusche. Es ist, als wäre hier der Ort, den sie sucht. Erinnerungen?
Aber, denkt sie, ich kann mich an nichts erinnern. An Atem, Gesichter vor einer Glaswand. Verschwommene, aus vielen Regentropfen bestehende Flächen vor dem Glas. Augen, die hineinsehen, sah ich hinaus? Ist das Erinnerung? Nebel, Gurgeln, Glucksen, schmatzt es?

Es schmatzt im Nebel. Die Brühe ist flüssig, schwimme ich? Sie ist halbflüssig, dunkel ist sie, ich schwimme nicht, ich liege in Nahrung, ich schmatze, gluckse, draußen sind Augen. An den Glaswänden; Tropfen.
Die Gesichter draußen vor dem Glas sind undeutliche helle Flecken. Werden sie mich vernichten? Sie führen mir Nährlösung zu, sie vernichten mich nicht.
Ich habe keinen Schmerz, ich weiß nicht, was Freude ist, ich wachse und will nicht vernichtet werden.
Ich wachse.
Ich spüre, wie ich wachse. Ich schmatze und blubbere, in zwei anderen Glasbehältern wachse ich auch. Dort bin ich noch kleiner. Aber ich will nicht vernichtet werden.

Auch dort sind die Gesichter, wenn sie nicht hier sind. Sie sehen mich der Reihe nach an. Die langen schleimigen Fäden, die im Glas wachsen, sich am Glas befestigen, den dünnen Nebelkörper, wie er fester, länger wird, sie sehen mir zu, und ich wachse nach. Und sie lassen mich nicht zugrunde gehen, auch in den anderen Gläsern nicht. Wenn mir an einem Körper sechs Arme und acht Augen, wenn mir drei Füße wachsen würden, weil sie mich so wollen, so ist es mir gleichgültig. Ich wachse. Nur sterben, zusammensinken, vertrocknen will ich nicht. Ich will leben. Um jeden Preis, solange die Feuchtigkeit und die Zusammensetzung der Nahrung stimmt. Ja, ich werde sogar versuchen, falls mein Sumpf hier im Glas eintrocknet, Zellen und Zellbestimmungen zu erhalten, um, wenn sie mich nicht ganz zerstören, irgendwo wieder aufzuwachsen. Ich lebe. Vervielfältigt im Glas, an Glaswänden wachsend, bis kein Platz mehr ist.

Mit der Zeit fange ich an, zu tasten und an die Glaswände zu tatschen und dumpfe Laute auszustoßen. Ich weiß nicht, wie es sich für die Gesichter anhört. Ich platsche ihnen meinen Fuß ins Gesicht, ich wachse, murre, stöhne. Ich rufe mit dem, was ich zur Verfügung habe.

Zitha steht plötzlich auf. Dr. Clut, der ihr eine Spritze gesetzt hat, ist überrascht. »Nicht so schnell! Hier noch ein Wattestück, so, fertig. Sie können sich jetzt aussuchen: Wollen Sie essen gehen oder in Ihre Räume? Wir könnten heute zusammen essen, alle vier, na, wie wäre das, Zitha?«

Unterwegs macht ihr Dr. Hermes, was er selten tut, ein Kompliment über ihre Kleidung. Sie trägt einen lockeren, dreiviertellangen, kakifarbenen, sportlichen Rock mit aufgesetzten Taschen, eine weiße Bluse und einen weiten Blazer, zum Rock gehörend. Sie hat eine braunrote sportliche Tasche gewählt und die passenden Schuhe.

Die Kantine ist bereits leer, Zitha gilt seit wenigen Wochen als befreundete Kollegin Dr. Cluts, die ab und zu vorbeischaut und dann mit einem der Doktoren zum Essen kommt. Es ist das erste Mal, daß Zitha mit nach vorne zur Theke geht und auf die Speisen, die sie essen will, deutet. Sie liest die Speisen von der Tafel und bittet die Köchin, die sie aufmerksam ansieht, ihr diese Speise zu geben. Sie spricht die Worte ruhig und deutlich aus und bekommt daraufhin ihren Teller gereicht.

Zitha nimmt sich zu trinken. Dr. Moviak bezahlt an der Kasse für alle vier.
Zitha ißt sehr ruhig, aber sie bemerkt den Stolz, den die drei Herren auf sie haben. Anschließend bringt Lon Zitha in ihre Räume.

*

Dr. Clut hat Phila im verabredeten Raum abgeholt. Sie sitzen sich gegenüber, als Dr. Moviak von Zitha zurückkommt. »Wir können dann mit der Arbeit beginnen, Frau Berg, wenn es Ihnen recht ist«, sagt er nach der Begrüßung. »Wir werden ein Programm zusammenstellen, um Zitha mit Ihrem Leben bekanntzumachen.«

»Wir beginnen«, läßt Dr. Hermes sich vernehmen, »mit den Stationen Ihres Lebens. Anschließend werden wir diese Stationen mit den damit verbundenen Erinnerungen füllen und ausschmücken. Darin werden Ihre persönlichen Überlegungen und Gefühle eine ebenso große Rolle spielen, wie Ihre Reaktionen darauf. Ihre Wünsche an das Leben, und wie Sie an Dinge herangehen, wenn Sie etwas erreichen möchten.
Auch wie es ist, wenn Sie mit Problemen konfrontiert sind. Wie Sie damit umgehen, wenn sich Ihre Wünsche, Vorstellungen, Planungen als nicht erreichbar herausstellen, sowie der darauf folgenden Nacharbeit dazu.
Wir können die Sitzungen auch nachts machen. Oder nach den Dreharbeiten, was ist Ihnen lieber?«

Phila überlegt, dann sagt sie: »Ich kann sicher einige Tage lang nach den Dreharbeiten verschwinden. Es darf

nur aus den uns bekannten Gründen nicht gleichmäßig und um die gleiche Zeit geschehen.
Ich würde also vorschlagen, den ersten Tag um 19 Uhr, soweit ich den Drehplan kenne, sind wir um 18 Uhr fertig. Den zweiten Tag um 19.45 Uhr. Bitte, nehmen Sie das nur als ungefähr, den dritten Tag komme ich um 20 Uhr, so bleibt mir Zeit, einmal mit Kollegen ein Glas zu trinken. Wenn Sie mich zu dem von Ihnen vorgeschlagenen Arbeitsthema noch weiter benötigen, können wir später, wenn ich die Drehzeiten überblicken kann, planen.«

»Wir werden jeden Tag eine halbe Stunde benötigen«, sagt Dr, Hermes. »Ich habe die Fragen bereits ausgearbeitet. Sich durch Ihre Darstellung ergebende Detailfragen werde ich sofort oder in ergänzender Weise einfügen. Aber das sehen wir dann. Sensoren werden Ihre Erregungsmuster aufzeichnen, eine Kamera Ihren Gesichtsausdruck festhalten. Ihre physische Belastung wird gemessen werden. Weiter wird eine nur auf Augenveränderungen wie Pupillenvergrößerungen und -verkleinerungen spezialisierte Kamera auf Sie gerichtet sein. Gehirntätigkeit und elektrischer Strömungsverlauf wird aufgezeichnet.

Da wir von Ihnen und Zitha, von Zitha sogar sehr genaue, Lebensmuster haben, wird es später möglich sein, Ihre Erlebnisse und Erfahrung, die wir in großen Abschnitten auf Zitha übertragen, um eine möglichst genaue Angleichung zu erzielen, auf ihre Ähnlichkeit oder sogar Genauigkeit hin zu überprüfen. Glauben Sie, Sie können unter diesen Bedingungen mit uns unser Lernprogramm für Zitha erarbeiten?«

»Nun, Kameras bin ich gewohnt«, sagt Phila, »ich habe aber eine andere Frage: Wie verhält es sich mit Liebesbeziehungen? Zum Beispiel mit Marc? Wenn Zitha eines Tages einen Anteil meiner Arbeit übernimmt, muß sie mit

Marc zusammentreffen, sie wird in ihn verliebt sein, einfach weil wir ihr das eingeben. Es könnte zu ärgerlichen Pannen und Peinlichkeiten kommen.«

»Sie überlegen folgerichtig«, läßt Dr. Clut sich vernehmen.

– · –

Inzwischen steht Dr. Moviak vor seinem Bild und weiß, daß wieder zu wenig Zeit ist, darin weiterzuschreiten. Seine strenge große Gestalt hat Sanddünen erreicht. Sand rieselt in seine Schuhe, aber er hat keine Zeit, diesen herauszuschütteln, er muß eilig weitergehen, muß seinen Schritt beschleunigen, aber er weiß nicht warum.

In den Dünen, wenig vor neugierigen Blicken geschützt, liegen Menschen und Chimären zusammen und paaren sich. Ab und an trifft ihn ein seltsamer Blick, dem er nicht lange begegnen will.

– · –

»Wir werden es so machen, Frau Berg«, vernimmt Moviak seinen Kollegen Hermes hinter sich: »Da Liebesbeziehungen wichtige Zeiträume im Menschen, an die er sich immer erinnert, sind, und durch die Liebe Elemente im Menschen frei werden, auf die er sonst nicht so einfach zurückgreifen kann, können wir diese Abschnitte nicht einfach auslassen. Es gehört zu Ihnen. Wir werden jedoch die jetzt bestehende Bindung zu Marc etwas leichter, eher wie eine gute und liebevolle Freundschaft, aufzeichnen und weitergeben. Sie stimmen mir sicherlich zu, daß dies eine mögliche Lösung ist? Immerhin würde es auffallen, wenn sich Marc und Zitha fremd begegnen.«

»Ich bin einverstanden, also fangen wir an«, sagt Phila.
»Kommen Sie mit, Dr. Moviak?« spricht Hermes an Moviaks Rücken. Moviak braucht jedoch ein paar Sekunden, um sich behutsam aus dem Bild entfernen zu können.

Während der Befragung hat Phila das Gefühl, daß keine Erinnerungen in ihr geweckt sind, daß sie antwortet, wann geboren, Mutter, Vater, Beruf, wo gelebt, Großvater, Großmutter, Tanten, Onkel, Geschwister, Kusinen, als würde sie einen dieser kühl und lieblos entwickelten Tests, wie sie oft verwendet werden, beantworten. Auch am nächsten Tag empfand sie den Test so, daß er keine größere Gefühlsentwicklung bei ihr zuließ. Sie kam zu keinen Assoziationen.
Sicher hatten Dr. Hermes und Dr. Moviak anhand der entstehenden Unterlagen die Antwort parat: »Logisch denkende, aber gefühlskalte Person, mit starker Ausstrahlung im Berufsleben«. Oder so ähnlich. Sie gab auf reduzierte und begradigte Fragen reduzierte und begradigte Antworten. Aber, wenn es sie zuerst verärgert hatte, so beließ sie die Forscher bei deren Meinung.
Und Daten, Namen, Zusammenhänge konnte Zitha ruhig erfahren. Sie mußte dies sogar lernen, damit sie die Schauspielerin Phila Berg richtig vertreten konnte. Das Double sollte in der Befolgung der Anordnungen leben können und in ihr, Phila, beheimatet sein.
Inzwischen hatten die Dreharbeiten begonnen und Phila war angestrengt. Finkgast machte weitere Andeutungen, wenn er sie besuchte, Phila spürte sich auf einem messerscharfen Grat laufen.

Aber Gott sei Dank, sie hatte Marc und Putzi und Nicolas, der sie mit seiner Arbeitswut ansteckte und gefangennahm. Dazwischen lief das Übliche ab. Essen, Fans, die sich vor dem Eingang zum Studio oder dem Hotel einfanden, Blumenbouquet, freundliches Dankeschön, Texte lernen, Anrufe von der Presse. Putzi erledigt viel von dem Kleinkram. Ohne seinen Elan würde allerhand schieflaufen.

Klominge kommt zum Drehort, sie waren zu Außenaufnahmen auf den Flughafen gefahren.

»Engelchen, mein Liebes! Sterntalermädchen!« Seine Augen hatten immer Lust auf Geld, wenn er sie, Phila, so ansah. Deshalb pflegte er seinen Star und ließ ihm alles erdenklich Gute zukommen. Sie sollte ihm lange erhalten bleiben. Mit ihr verdiente er ein Schweinegeld. Und das wollte er gesichert haben. »Soll ich dir etwas zu trinken bringen?« Richtig verliebt tat er. »Soll der Nicolas Pause machen?«

»Du weißt doch, ich bin es gewohnt, mich anzustrengen«, lacht Phila, »laß nur.«

»Oder ein kleines Bockwürstchen, so zum Kraftmachen zwischendurch?« fragte er wieder. Schweinegeld, Bockwürstchen, selber Bock. Bock hinter Geld her, denkt Phila, aber sie sagt: »Laß nur, wir machen weiter.« Da sie weiß, daß er ihr etwas bringen will, sagt sie. »Oder doch, bring mir ein Eiswasser mit ein paar Tropfen Zitrone. In der Hitze könnte man ja austrocknen.«

Und nachts liegt sie in Marcs Armen, den Schweiß zwischen sich und salzige Haut, Haar, das verklebt mit dem ganzen Hunger im Mund, den Nachtwind im bauschigen Vorhang, ihre Körper übereinander und ineinander, vielarmige Verschlingung, Loslassen und Neubeginn, irgendwo, vielleicht den Rücken entlang mit seidenweichen Fingerkuppen, einer dem andern.

Die ruhelosen Nächte, in denen Marc all ihre Geheimnisse

aufspüren mag, das kleine Licht ist an, Nächte, in denen er jede Falte ihres Körpers kennt und sie die seinen, wenn aus der Sehnsucht Wut aufbrennt und er in ihrem Körper tobt, Nächte, die Weinen und Lachen machen und morgens die Steinharfe gleichmäßig spielend sich entfernt und wieder nähert, so sind es Nächte, die aufstehen und zum Fenster kommen um hinabzusehen, wie die Zeichnung Nacht entsteht. Und Phila ist schon sieben Tage in ihrer Heimat.

Sieben mit allerhand Notwendigem und Beliebigem vollgestopfte Tage. Tage, in denen sie fast das Atmen vergaß, und die Lust aufzustehen gleich war mit der liegenzubleiben, zu essen und nicht zu essen, zu trinken und nicht. Sie versuchte auch nicht, dem Reigen zu entkommen. Er war festgefügt, jeder machte seinen Tanzschritt an vorgeplanter Stelle, den Knicks, die Verneigung.

Und Nicolas bettelte, rief, schrie und schmeichelte den säumigen Mitspielern. Seine Mundfalten verhärteten vorübergehend hinter dem Megaphon, entspannten sich aber abends auf dem Weg zum Côte du Rhône.

Er war friedlich nach dem ersten Glas, nach dem zweiten blickte er optimistisch, entwarf Szenarien: »Auch das wäre eine Möglichkeit; (Alma Totale, Gegenlicht)« –Augenblikke »und wenn es nicht Nacht wäre, würde ich jetzt sofort weiterdrehen.«

Nach dem vierten Glas fiel alle Anspannung von ihm ab, und er trottete entweder zum Hotel oder zu dem Mädchen, das ihn gerade liebte. Aber Nicolas liebte nur die Arbeit, vielleicht noch diejenigen, denen es ebenso ging.

Phila gehörte zu dem kleinen Kreis der von Nicolas Anerkannten. Sie vergaß die nach anderen Gesetzen funktionierende Welt außerhalb ihrer Filmwelt, wenn sie arbeite-

te. Und wenn sie mit Nicolas arbeitete, war dies umso leichter.
Klominge hütete sie wie seinen Geldbeutel, was die gemeinsame Welt anging, und solange sie frisch und wohlauf schien, ließ er sie privat in Ruhe.

Wieder ist ein Drehtag vorbei. Sie fahren in kleinen Bussen in die Stadt zurück. Phila fühlt sich angenehm müde. Sie beteiligt sich nicht am Schwatzen, schaut aus dem Fenster.

Die Nußbäume waren voller Früchte, in den Gärten erklommen Bohnen und Kapuziner höhere Plätze, Lilien, erste Gladiolen, Schleierkraut, Ringelblumen, rot, orange, meerblaue Rittersporninseln im Vorbeifahren in den Vorstadtgärten.
Kinder auf dem heißen Gehsteig spielen winzige Szenen Hüpfgummi, Groschenwerfen. Ein Ball rollt in der Fechnerstraße auf die Fahrbahn. Ein weiterer Ball, etwas kleiner als der erste rotgetupfte, hüpft blau mit lila und rot in zwei Sprüngen zwischen parkenden Autos vor den Wagen. Alle Insassen halten noch einmal die Luft an, der Fahrer bremst.

Häuserwände, neuer Klinker wechselt mit graubraunem abgeblättertem Putz, Beton und anderen Häuserwänden, die sofort vergessen werden. Die Kleider sind hell, stadteinwärts. Phila schließt die Augen, lehnt den Kopf ans Fenster, bis sie da sind, vor ihrem Lokal, in dem sie den Tag ausklinken und die Nacht hereinholen, aufatmen.
Nicolas trinkt sein erstes Glas und entspannt sich. Phila lehnt sich mit ihrem Körper an ihn. Nicolas dankt ihr, »Du«, sagt er, »ich bin froh, daß du im Team mitarbeitest. Solange du als der Star nicht aufgibst, nicht müde wirst oder Migräne hast, halten auch die anderen durch und getrauen sich nicht, ihre kleinen Schreikrämpfe zu kriegen«.

Nicolas drückt sie mit dem freien Arm an sich. »Du bist fast so eine Garantie für reibungsloses Spiel.«

»Und dabei wollte ich dir sagen, daß ich in den nächsten Tagen, am besten morgen, einen Tag für mich brauche«, sagt Phila. »Ich möchte in mein altes Dorf fahren.«

»Laß es mich überlegen«, sagt Nicolas, »geht es in drei, vier Tagen? Wenn du es brauchst, fahre ich dich jetzt gleich dorthin.«

»Es geht in drei, vier Tagen, danke dir.«

Phila spürt den harten Körper neben sich und streicht zärtlich über Nicolas Rücken. »Weißt du, Nicolas, wenn du lieben könntest, könnte ich dich lieben, mach's gut, bis morgen. Wer ist es denn zur Zeit?«

Nicolas zuckt die Schultern: »Eigentlich niemand, den ich besonders gut kenne, eine Garderobenbekanntschaft. Sie hat mir Blumen gebracht. Sie ist ganz nett. Bis jetzt. Und sie hört zu.«

»Schlaf gut, Nicolas, also nicht vergessen: In drei, spätestens vier Tagen habe ich einen Tag frei.« Phila küßt Nicolas auf die Wange und geht, den anderen zuwinkend, aus dem Lokal.

Es ist hell draußen, Wärme kommt vom Gehsteig, an der Eisdiele am Ende der Gasse stehen Kinder mit ihren Groschen. Es sieht aus, als wäre dies ein gewohnter, täglicher Augenblick. Etwas, das immer kommt, immer möglich ist, niemals anders war.

Keine Erwartung, Freude bis in die Zehenspitzen, hautfärbend süßes Körpergefühl, bald auf heißem Stadtboden stehend, an der erbetenen, geschenkten Eiskugel lecken zu dürfen, fünf Minuten ganz allein im Besitz dieser Köstlichkeit zu sein. Diese Kinder hatten nicht im geringsten damit zu tun.

Es war ein Verlangen, das sich nicht ausbreitete, reduziert blieb, ein Verlangen, eher so zu beschreiben, daß dieses Verlangen gestillt zu werden hatte, wenn möglich mehrmals am Tage. Geld gegen Eis, sagten die Hände, die Augen sagten nichts.
Phila ging vorbei. Banane, Erdbeer, Maracuja, Himbeer, Pistazien, Apfel. Braune Kinderwaden, braune Ärmchen, Finger mit Geld. Einen Becher voll mit Himbeer in den braunen Händen. Ausruhen unter einem Busch schiebt sich als Bild dazwischen.
Sie dreht sich um, kramt Geld heraus. Sie nimmt Maracujaeis. Von dieser Frucht hatte sie als Kind nie gehört und an keinem solchen Eis geschleckt.

Dr. Moviak steht auf, als Phila herankommt. Die weißen Stühle des Straßencafés, die rosé Polster auf den unbesetzten Stühlen, Blumenkästen, Petunien blauviolett, rosé, weiße Geranien, weiße Blusen, Hemden, Hosen, angesonnte Haut.
Halskettchen blinken in Ausschnitten. Die Bedienung trägt Söckchen und hochgeschnürte Gesundheitsschuhe. Die Bedienung ist jung und etwas rund an den Hüften. Unter dem kleinen Schürzchen trägt sie die Börse. Der Griff unter die Schürze ist ihr geläufig. Ein ausgestrecktes Bein zieht sich zurück, als Phila auf Dr. Moviak zusteuert.
Die Gäste verändern kurz ihren ferngelenkten Blick, der nirgendwohin ausweichen kann als gerade die Straße hinunter oder hinauf, auf die Häuser gegenüber, die Geschäfte, die flanierenden und einkaufenden Passanten, auf den Hund, der an den Papierkorb pinkelt und den nach Kuchen und Brotkrümeln suchenden Tauben, um Phila anzusehen, wie sie herankommt in ihrem taubengrauen, engen Rock und der weichen Bluse, die wie eine Jacke geschnitten ist.

Das Haar spielt unternehmungslustig um den Nacken, die Stirne ist hoch und frei.

Phila reicht Dr. Moviak die Hand, die Begrüßung ist herzlich. »Möchten Sie ein Eis oder lieber etwas trinken?« fragt Dr. Moviak und schiebt, nachdem er gewartet hat, bis Phila bequem sitzt, die Karte näher. Phila bestellt Eiscafé bei der schnellfüßigen Bedienung. Dr. Moviak beobachtet Philas Gesicht, ihre Hände, ihre Haltung.

»Ich möchte, wenn Sie mich schon so genau beobachten müssen, Dr. Moviak, daß Sie dies so tun, daß ich nicht gezwungen bin, Ihnen etwas vorzuspielen. Ich möchte mich wohlfühlen«, sagt Phila.

»Verzeihen Sie, Frau Berg, ich wollte nicht ungehörig sein, es ist nur so, daß ich mich auf diesen Abend gefreut habe und mein Schauen einzig aus dieser Freude entstanden ist. Es hatte nichts mit unserer Arbeit zu tun.«

»Wie geht es ›ihr‹?« fragt Phila zurück, »oder soll ich sagen: wie geht es mir? Ich meine meiner zweiten Person?«

»Ich darf Ihnen versichern, daß es ihr gut geht.«

Die Bedienung bringt den Eiscafé. Dr. Moviak schweigt einen Augenblick. Als die Bedienung außer Hörweite ist, sagt er: »Es entwickelt sich, ›Sie‹ nimmt schneller und besser auf. Sie ist geradezu begierig geworden, zu lernen. Wissen Sie, sie nahm alles hin, einfach so . . . oder es sah wenigstens so aus, aber jetzt muß kaum neu aufbereitet werden, sie behält es. Es ist wirklich ganz leicht, das hat mit Ihnen zu tun.«

»Mit mir?« fragt Phila.

»Ja, mit Ihnen, sie denkt, das haben wir auch so gewollt, daß sie mit Ihnen verwandt ist und Sie ihr über ihre Familie etwas sagen können. Allerdings seit einigen Tagen . . . seit ihrer Ohnmacht . . .«

»Was ist seit einigen Tagen?«

»Sie fragt nicht mehr danach, ob sie Sie treffen kann«, sagt Dr. Moviak. »Das ist wirklich merkwürdig.« Moviak ist nachdenklich. »Vielleicht liegt es an den veränderten Hormonbedingungen. Möglicherweise hat sie jetzt genug mit sich selbst zu tun.«
»Was ist mit den Hormongaben, haben Sie die umgestellt?«
»Wir haben es so geregelt, daß sie mit normalisierten Sexualempfindungen reagieren wird. Sie wird damit zurechtkommen müssen. Bisher waren Wünsche und deren Befriedigung auf sexuellem Bereich für sie weitgehend verdeckt, fast nicht vorhanden. Das Problem ist die Schnelligkeit, mit der sie sich seelisch darauf einstellen muß. Es können Schwierigkeiten in der Art entstehen, daß sie auf diesem wie auf manchem anderen Gebiet einen völlig unzureichenden, ich meine für ein normales und glückliches Leben, einen zur Unruhe neigenden, also, wie schon gesagt, einen unzureichenden Reifegrad aufweisen wird.«
»Aber Dr. Moviak! Sie machen sich Sorgen?«

Dr. Moviak nickt. »Ja, ich mache mir Sorgen. Ein normaler Mensch hat doch Jahre Zeit, sich damit auseinanderzusetzen, und sie . . . sie hat nur . . .«
»Ich verstehe«, sagt Phila, »es macht mich traurig. Leider zu spät.«
»Ja, der Schmetterling fängt an, mit den Flügeln zu zittern«, murmelt Moviak. Er sieht an Phila und an den anderen Gästen vorbei in ein ungewisses Panorama, dann holt er seinen Blick zurück und trinkt mit Bedacht an seinem rotorangenen Getränk. Im Glas klirrt es leise. »Der Schmetterling zittert, es ist uns gelungen, daß er zittert, und nun kann ihn keiner von uns töten, keiner kann mit der Fliegenklatsche daraufhauen oder ihn mit dem Absatz zertreten, er ist zu schön, und selbst wenn er nur eine Kellerassel geworden wäre, wir könnten es nicht.«

»Wäre es Mord?« fragt Phila.
»Wenn Sie es tun würden«, Phila wurde ein wenig bleicher, Moviak redete weiter, »wenn Sie töten würden, wäre es Tötung oder Selbstmord. Ein Selbstmord, der endlich bestraft werden könnte, denn Sie wären ja noch da, um Sie bestrafen zu können. Bei einem gelungenen Selbstmord kommt die Anwendung eines Paragraphen nicht in Betracht.« Moviak lächelt sarkastisch. Sein Profil wirkt härter.

Im Abendlicht schimmert das Gefieder der stolzierenden Tauben ein wenig matt. An ihrem schmalen Hals zeigt sich bereits ein federdünner Schatten, wenn sich das Gefieder am Nacken sträubt.
Die Stadt wird kurzfristig etwas stiller, am Straßenrand das Café, es bietet jetzt mehr Plätze an.
Ein weicher flaumiger Geruch nach gehabter Wärme und der Ahnung von der in den Morgenstunden zu erwartenden Kühle vermischt sich mit dem schweren Parfüm der Petunien.

Phila reibt ihre Hände an einem Erfrischungstuch, schon die ganze Zeit hatte sie im Unterbewußtsein den kleinen klebrigen Punkt zwischen Ring- und Mittelfinger gespürt. Es kam vom Maracujaeis, und Phila wehrte sich jetzt gegen diesen Fleck.

»Wenn Sie nicht wollen, brauchen Sie nicht mehr zu sterben, Frau Berg.«
Moviaks Stimme ist kalt.

»Noch einen Kaffee?« fragt die Bedienung vom Nebentisch herüber. Sie ist darübergebeugt und wischt rote und braune Getränkeringe vom Tisch.
»Bringen Sie mir Mineralwasser mit etwas Eis«, antwortet Phila. Das Eis würde klirren und kalt sein wie Moviaks Stimme vorhin, und das Wasser würde prickeln, ihren Gaumen reizen.

»Warum sind Sie sich und mir böse?« fragt Phila. »Wir haben es gewußt und getan, und ich nehme an, daß dieser Herr Finkgast vom Militär kommt und daß noch mehr Menschen daran interessiert sein werden, mit uns ein Geschäft zu machen, wir wollten etwas anderes, aber das ist daraus geworden.

Wir wollten es probieren, nur daran arbeiten und probieren, ob es geht. Vor allem schneller geht. Jeder von uns hatte seine Gründe.

Ich wollte ein Ebenbild, das wie ich handeln, denken, fühlen kann, ein zweites Ich, eines, das meine Belastungen verringern hilft, wenn es nottut.

Klominge verdient an mir ziemlich gut und einige andere Leute auch. Er setzt auch einen Teil des Kapitals, das er durch mich verdient, wieder ein . . . in mich. Er möchte es sicher mit Zinsen zurückhaben. Ich werde also einen Werbespot machen und eine halbe Stunde später eine Pressekonferenz geben können oder bereits im Hotel auf sonstwen warten. Nur genaues Timing ist nötig, und er verdient nochmal so gut.

Und Sie, Sie wollten doch forschen, Sie wollten sich doch bestätigen, so wie Ihre Kollegen. Ach, schweigen wir darüber, wir wissen, um was es geht.

Ihre Kälte mir gegenüber ist doch Zorn, ein Zorn, der Sie selbst angeht! Hätte ich die Idee nicht geäußert, sie wäre vielleicht von anderer Seite gekommen, einfach, weil Sie es wollten! Sie hätten ein oder zwei Monate später jemand anderen gefragt, Ihr Ego hat nur noch auf mich gewartet. Sie, Ihre Kollegen und ich haben nur etwas vorweggenommen, was über kurz oder lang von jemand anderem probiert worden wäre.

Sie müssen es richtig sehen, Dr. Moviak. Es war schon alles so weit. Wir, das heißt Sie und Ihre Herren Kollegen, sind praktisch durch diese Arbeit einen Schritt voraus, das ist alles. Wir hätten sonst das nehmen müssen, annehmen müssen, was andere vor unsere Nase gesetzt hätten.

Nein, nach längerem Nachdenken: mir ist es lieber so! Ich fühle mich nicht wohl, was die Möglichkeiten der Nutzanwendung anbelangt, ganz zu schweigen von meinem zweiten Ich, meiner zweiten Zellformation. Aber wir sollten eine Neubewertung wagen! Die Grundlagen sind nicht von uns entwickelt. Irgendwie war es aber der richtige Zeitpunkt.«

»Ja, ich weiß, wir haben darüber gesprochen«, sagt Moviak trocken. »Aber müssen gerade wir diejenigen sein, die sich belasten müssen?«

Phila trinkt das kühle Wasser ohne zu bemerken, daß sie es tut, und ohne die Bedienung, die es gebracht hat, wahrgenommen zu haben. Sie hört das leise Klingeln des Eises irgendwo zwischen den Worten, aber es ist nur irgendwo, und es ist kein Eis, sondern nur ein, zwei helle Töne, die aneinandergeraten sind, ohne sich zu verbiegen oder zu zersplittern. »Sie mit Ihrem Beruf, können sich doch nicht ernsthaft fürchten«, sagt sie bereits mit einem Hauch von Koketterie.

»Doch«, sagt Moviak und bleibt ernst, »gerade deshalb fürchte ich mich. Aber das sollte ich vielleicht jetzt nicht sagen, da Sie so mutig sind«, setzte er nach einer Weile hinzu.

Er spielt mit seinen Zehen, scharrt mit der Sandale über die Betonplatten. Neben dem Tisch stehen die Gesundheitsschuhe. Er blickt auf. »Darf ich bitte kassieren? Ich habe jetzt frei, es kommt die Abendschicht.«
Die Hand, die gewohnt ist, nach der großen Börse zu greifen, greift unter die Schürze, Phila sieht, daß das pausbäckige Gesicht der Bedienung hübsch und rein ist. Am Aus-

schnitt steckt eine Gemme, und der Hals ist aus festem Fleisch. Dr. Moviak bezahlt für sie mit. »Machen Sie mir die Freude«, sagt er.

Die Bedienung legt eine Stoffserviette vor Phila. »Hätten Sie die Güte, mir ein Autogramm zu geben, Frau Berg?« fragt sie bescheiden und legt einen Stoffärbestift daneben. »Es würde mich freuen«, sagt sie noch, und Phila setzt überrascht zum großzügigen Schriftzug an. Der Stoff ist glattgebügelt, die Bügelfalten entfernt.

Phila schwingt ihren Namen in mehrmaligen Anläufen über Spann- und Schiffchenfäden. Es gelingt ein fast graphisches Werk.

Die Frauen bewundern es entzückt in der Dämmerung. Der Wirt trägt Windlichter heraus und stellt auf jeden Tisch einen verschwommenen Lichtfleck. Es ist ein wenig früh dafür.

»Danke, Frau Berg, und Auf Wiedersehen.«

Die Bedienung geht, Dr. Moviak hat die kurze Strecke der gemeinsam erlebten Freude auf den Gesichtern der beiden Frauen gesehen.

»Ich denke, Sie mögen mich«, sagt Phila.

»Ich mag Sie«, sagt Dr. Moviak.

»Wirklich?«

»Ich weiß nicht, ich mag ›Sie‹ auch.«

»Lieben Sie ›Sie‹?«

»Müßte ich dann nicht auch Sie lieben, notgedrungen, weil ›Sie‹ doch aus Ihnen ist?«, fragt Moviak spöttisch.

»Sie weichen mir aus!«

»Das ist möglich. Die Wahrheit ist, daß ich es nicht weiß. Mit dem Verstand habe ich Zitha schon lange geliebt, wie man eben eine Arbeit liebt. Seit wir angefangen haben. Wir nannten sie der Einfachheit halber immer die 2. Person. Als sie anfing zu verstehen, gaben wir ihr einen Namen.

Wegen des Umganges miteinander. Und jetzt wird mehr daraus.« Moviak hebt dabei unschlüssig die Hand und läßt sie wieder fallen. »Vielleicht sind mehr Gefühle im Spiel. Es ist unklar.«

»Haben Sie denn nie versucht . . .?« fragt Phila unsicher.

»Was? Ach so . ., nein, das ist Arbeit gewesen«, Moviak winkt ab, »wir hätten diese wunderbare Arbeit gefährdet. Zitha war noch keine Frau im voll-entwickelten Sinne, eine Möglichkeit ja, vielleicht um sich zu sättigen oder um Reaktionen zu erfahren, aber es hätte, wie gesagt, unsere Arbeit vernichten können.

Aus diesem Grunde nehme ich entsprechende Tabletten, die diese Gefahren an unserer gemeinsamen Arbeit ganz ausschließen. Es ist unter diesen Bedingungen ziemlich leicht, glauben Sie mir. Aber es wird, und das ist gefährlich, die Möglichkeit geboten sein, Züchtungen für genau solche Zwecke . . .«

»Hören Sie auf!« sagt Phila scharf.

»Aber es ist so«, beharrt Moviak, »Sie können zukünftig für diesen oder andere Zwecke Chimären oder rein durch die Rezeptur der Zellentwicklung, die wir jetzt gerade geschafft haben beliebig solches Gebrauchsmaterial bestellen.

Fast alle Vorstellungen werden bedient sein. Schnelle Läufer, Schnellverdauer, Kopffüßler als Wissenschaftler, wir können Kraftprotze oder Einfüßige herstellen, Zungenlose, Augenlose, es wird Organbanken geben, der Preis wird entscheidend sein.

Man wird sich, wenn es kein Monopol gibt, unterbieten, um Kunden werben, Kinder herstellen in Kindergröße oder den schon vorgereiften Sohn im Studentenalter. Man wird die Tochter schneller zu einer klugen Heirat einsetzen können, und wenn ein Kind stirbt . . . aber vielleicht gibt es dann keinen Tod mehr . . . die vorbereitete zweite Zelle einsetzen, um das geliebte Kind nochmals zu konstruieren. Wir werden Stimmen züchten, Augen, Zahnbanken, Aufbewahrungsinstitute haben für Zehen, Zähne, Lungen, was Sie wollen. Es wird anwachsen. Verstehen Sie, die Organe werden anwachsen, werden nicht abgestoßen werden. Ehen werden geschlossen werden zwischen konstruierten und biologisch normalen Menschen, aber was ist dann noch normal?«

Phila steht auf. Es ist dunkel geworden, auf den Tischen bilden sich klare Lichtkreise. Es kommen mehr Gäste. Abend- und Nachtschwärmer, die noch nicht heimwollen, die neue Bedienung ist sehr jung.

Sie laufen die Straße hinab, irgendwann bietet Dr. Moviak Phila seinen Arm an. Am Abendhimmel gibt es Sterne. Sie laufen über eine breite Steinbrücke.

»Sagen Sie, wieviele Zehen, Oberschenkel, Ohrenknorpel, Mägen, Augenlider haben Sie von mir?« fragt Phila.

Dr. Moviak bleibt kurz stehen, als wolle er nachdenken, dann nimmt er Phila in die Arme und küßt sie auf den Mund, auf die Wangen, auf die Stirn, auf die Nase.

»Von alle dem einzeln alles zweimal. Also zwei Nasenknorpel, zwei Anlagen für Gesichtshaut, ja eben zweimal. Nur wegen des Versuches, von den Augen natürlich vier. Zwei linke, zwei rechte Augen. Wir haben das, wie gesagt, nicht nötig, mehrmals zu produzieren und aufzubewahren, wir können jetzt aus jeder Zelle die entsprechenden Zellinformationen herausfiltern . . .«

»Ich weiß«, sagt Phila. »Also zweimal. Auch Blinddärme?«

»Nein, Sie Spaßvogel. Nur Person 2, also Zitha, hat noch einen.«

»Es gibt also noch mehr Zithas?«

»Drei insgesamt, um die Ergebnisse zu überprüfen. Aber die zwei letzteren sind noch nicht soweit.«
»Ich werde ein Heim für Zithas eröffnen müssen«, sagt Phila trocken.
»Wenn alles seinen Gang geht«, sagt Moviak, »werden, wenn Sie damit einverstanden sind, Zitha 3 und 4 von der Nahrungszufuhr entbunden. Das heißt, sie sterben ab.«
»Es sind meine Körper. Hören Sie schon auf! Wir hatten von einem Ebenbild gesprochen. Es ist schwer genug, sich damit auseinanderzusetzen. Ist es überhaupt ein Ebenbild?«
»Im äußeren Erscheinungsbild ja. Im Erbmaterial ja. Erfahrungsmuster nein, noch nicht ganz. Ebenso im Bereich der Kinetik und der genetischen Überlieferung sind Lücken sichtbar, aber dieses zu verbessern ist keine Unmöglichket.«

Phila beugt sich über die Brückenmauer. Dr. Moviak bleibt abwartend hinter ihr stehen. Seine Haltung ist gespannt auf Phila gerichtet. Hinter ihnen fahren Autos. In der Geräuschkulisse verschieben sich die Töne gegeneinander, so als würden sie sich aneinander reiben. Von den durch den Fluß getrennten Stadtteilen fallen einzelne höhere ein, Quietschen ist zu vernehmen, aber ganz fern. Das ist die Straßenbahn, man weiß das, ohne hinzusehen.
Ohne es zu suchen, weiß man, daß die Gesichter hell erleuchtet werden. Auch die trunkenen aufgedunsenen Gesichter sind hell. In der fahrenden Bühne aufgespießt von den aus der Dunkelheit hineinstarrenden Augen irgendwelcher Passanten. Aber der Vorgang bedeutet nichts. Dem Trunkenen ist es gleichgültig, die Verliebten haben sich eine eigene Welt gebaut, die Frauen sind müde um die Zeit, und das junge alleinfahrende Mädchen, ihm ist die Bühne recht, wenn es sich hübsch fühlt.

Im Wasser gibt es eine bewegte Mitte, die durch eine,

von den Ufern hereingefallene Lichterstadt fließt. Phila spuckt in den Strom, aber ihr Mund war trocken, und so sieht es aus, als würde sie ein Symbol setzen.
»Spucken Sie auch!« fordert Phila Moviak auf.
Moviak fühlt sich über das an ihn gestellte Ansinnen nicht wohl, spuckt aber. Unten tanzt ein heller weißer Schaum im Wasser.

»Ich muß jetzt zu Bett«, sagt Phila unvermittelt. »Bringen Sie mich zum Hotel.«
Sie schweigen, bis das Hotel in Sicht ist.
»Ich möchte morgen sehen, wie Zitha lebt«, sagt Phila. »Gute Nacht, Dr. Moviak«. »Gute Nacht, Frau Berg«. Phila reicht Moviak ihre Hand, dieser nimmt beide Hände und küßt Philas Handrücken.
»Wir haben über diesen Finkgast einiges herausbekommen«, sagt er, als hätte er nicht eben eine zärtliche Geste verschenkt. »Sie haben recht, Frau Berg, er ist gefährlich.«
»Also doch Militär?« fragt Phila.
»Ja. Aber bitte führen Sie die Bekanntschaft weiter wie bisher. Lassen Sie sich nichts anmerken. Wir brauchen Zeit. Und nun Gute Nacht, bis morgen also.«

Phila tritt in die Hotelhalle, da ist viel Licht, Gäste sitzen plaudernd in den Sesseln, die Aschenbecher sind voll, Geschirr klappert irgendwo im Haus, es ist gut, sie hat ein Bett, um sich darauf auszustrecken.
Phila ist müde. Ein Brief liegt an der Rezeption. Sie wird ihn morgen lesen, irgendwann antworten, oder antworten lassen. Marc schreibt auf einem Zettel, daß er hoffe, daß es ihr gut gehe und: Gute Nacht, mein Bestes!
Aber Marc liegt in ihrem Bett und ist bereits eingeschlafen.

Am nächsten Abend sieht Phila, ohne rot zu werden, über einen Monitor zu, wie Zitha auf ihrem seidenen Bett liegt und ihre Vagina untersucht.
Dr. Hermes und Dr. Moviak machen Aufzeichnungen von dem, was sie sehen. Zitha steht auf und versucht, im Spiegel mehr zu sehen. Sie betrachtet sich ausgiebig, hockt dann in die Dusche und läßt sich Wasser auf ihr Gesicht rieseln.

»Das ist völlig normal, Frau Berg«, meint Dr. Moviak, eine Bemerkung machen zu müssen.
»Ich weiß«, lächelt Phila zurück.
»Sie entdeckt sich als weibliches Wesen«, sagt Dr. Hermes.
»Wir wären nicht froh, wenn sie es nach Absetzen der Unterdrücker nicht tun würde«, murmelt er.
»Ich weiß«, sagt Phila abermals. »Aber sie braucht unbedingt Pflanzen in ihrem Wohnraum. Sehen Sie nur, sie hat nichts, das sie pflegen und umsorgen kann!« Phila deutet auf die verschiedenen Monitore, »keine einzige Pflanze, kein lebendiges Wesen, das geht nicht! Und kann sie nicht bald eine Wohnung mit Fenster bekommen?«

Zitha braust ihre Brüste und streichelt über den Venushügel, über den Bauch und die Hüften.
»Wollen Sie, daß sie nicht lernt, wie man eine Beziehung entwickelt, sich auf oder an etwas freut?« fragt Phila weiter.
»Sie bekommt eine Grünpflanze. Wir wollten bisher aus Sicherheitsgründen wegen der Sterilität, wegen des gelenkten Lernpensums, keine Pflanzen in ihrer Obhut belassen. Aber sie bekommt ihre Pflanze«, sagt Dr. Hermes. »Mit dem Fenster warten wir.«

Zitha drückt mit ihrem Zeigefinger wieder auf den wolligen Hügel. Sie tut, als suche sie etwas. Dabei macht sie ein nachdenkliches Gesicht.
»Ich glaube, diese Hürde haben wir hinter uns«, meint Dr.

Hermes, dann blickt er, den Mund noch offen, gebannt auf die Scheibe.

Zitha sieht sich darin plötzlich aufmerksam um, so als wäre ihr etwas eingefallen. Sie sucht mit den Augen die offene Dusche, das Bad ab.

»Sie sucht die Kamera«, sagt Phila, »sie ist Ihnen auf die Schliche gekommen.«

»Die wird sie nicht finden«, brummt Hermes, aber sehen Sie!«

Phila sieht einen Augenblick zu, wie Zitha ihre Notdurft in die Dusche setzt, dann wendet sie sich ab. »Finden Sie das auch normal?« fragt sie bissig über die Schulter.

Beide Doktoren sind mit Schreiben beschäftigt, Phila hört nur ein beifälliges »Mm«.

»Allerdings«, räuspert sich Dr. Hermes und meint, »sieht das ganz nach Aggression aus. Zuerst dachte ich, es könnte ein Rückschritt in die anale Phase sein, aber die würde spielerischer ablaufen. Die Blicke vorher waren es, die mir sagten, daß sie uns ärgern will. Trotzdem, es hat natürlich mit einem Nachholbedarf zu tun und mit einer Mitteilung.

Bis jetzt hat sie sich in ihren Räumen allein gefühlt. Ein anderes Gefühl, eher ein Instinkt und verschiedene Tatsachen, die sie addiert, sagen ihr, daß sie das nicht unbedingt ist oder sein muß. Man kann es auch eine Vorkommunikation nennen, die gemacht wird, bevor etwas unumgänglich wird.

Zum Beispiel eine Begegnung. Sie sagt uns in jedem Fall: ob ihr mich beobachtet oder nicht, kacke ich in die Dusche. Einfach zur Sicherheit, falls ihr mich beobachtet.

Sie sagt weiter: Ihr habt mich nicht völlig in der Hand, ich kann auf euch reagieren. Dies setzt weiter voraus, daß sie spürt, in unserer Hand zu sein und nicht wie vorher, unbewußt unsere Hilfe annehmend, und mit allem zufrieden heranzuwachsen, ohne Gedanken an sich und die Zukunft. Sie hat uns damit eine wesentliche und auch weitergreifende Veränderung angedeutet.«

»Was jetzt?« fragt Phila.

»Nichts. Wir tun, als hätten wir es über die Putzkolonne erfahren, so daß sie weiß, daß wir wissen.«

»Und wenn Sie so tun, als hätten Sie nichts gesehen, wäre das nicht klüger?«

»Nein«, sagt Moviak, »sie würde anfangen, böse zu werden, sich bei passenden und unpassenden Gelegenheiten dafür rächen, daß man sie und ihre Reaktionen nicht ernst nimmt. Ihre Mitteilungen sollen ja ankommen, sonst muß sie weiter ihre Morsezeichen lossenden. Das kann soweit gehen, daß wir oder andere darüber stolpern müssen, und das wiederum wäre dann schon längst auffällig, im Sinne von Fehlentwicklung. Wir werden also darauf eingehen und fragen, was ihr fehlt und was sie damit sagen will.«

»Vielleicht kann sie nicht gut genug sprechen?« fragt Phila.

»Ihr Wortschatz ist, dank Dr. Hermes Methode, groß. Sie wendet ihn nicht immer an. Vielleicht genügt es für ihren derzeitigen Lebensraum. Außerdem hat die Kreativität noch keinen Anstoß im Sinne von Ausübung und Wille zur Ausübung erfahren, jedenfalls nur minimal. Ich meine aber, daß die Kreativität im Bereich der Vorstellung durchaus vorhanden ist. Nun, wir werden sehen.«

Zitha reinigt sich auf dem Bildschirm. Sie nimmt sich viel Zeit.

»Ich muß jetzt gehen, die Rolle für morgen – es sitzt noch nicht richtig«, sagt Phila etwas bedrückt. Dr. Clut stößt die Türe auf. Mit schnellen Schritten ist er mitten im Raum.

Die Erregung ist deutlich abzulesen. In der Hand hält er einen Brief.

»Wir sollten eine Konferenz einberufen. Sehen Sie«, er zeigt den Brief den überraschten Kollegen. »Hier, wir werden hohen Besuch in unserem Institut bekommen. Das Ministerium für Forschung und Wissenschaft sagt sich an.«

»Wann?«

»Wir sollen den Termin angeben, wann es uns genehm ist.«

»Gut, wir werden in den äußeren Labortrakt etwas Unruhe tragen«, meint Moviak, »damit unser Großlabor blitzt und funkelt und damit auch ein paar neue Ergebnisse als Futter für die zu Neugierigen da ist, könnte doch unser Logistikgenie, Dr. Hermes, ein paar audio-visuelle Lernversuchsreihen mit Regenwürmern vorweisen«, Moviak lacht.

»Die Leute«, Dr. Hermes kann ein Grinsen nicht unterdrücken, »laufen doch nur durch und sehen sich alles an. Und wenn es der Fall sein sollte, daß ein paar besonders neugierige Augen etwas sehen wollen, so haben wir in unseren Versuchsreihen genügend Unterstufenserien, die unseren Forschergeist bestätigen.«

»Das Großlabor zur Tarnung?« fragt Phila. »Ich dachte immer, es wäre die Filmindustrie.«

»Nein, nicht zur Tarnung. Eine Notwendigkeit. Mit der großen Aufgabe im Vordergrund läßt sich der Hintergrund leichter bewältigen. Also, wann sollen wir die Leute einladen? Dr. Hermes, Dr. Moviak?«

»Laßt uns dieses freudige Ereignis ruhig bedenken«, sagt Dr. Hermes mit einem tiefen Sarkasmus in der Stimme. »Darf ich Sie begleiten, Frau Berg?«

Im Hotel angekommen, versucht Phila, ohne erkannt zu werden in den Aufzug, der gerade frei ist, zu huschen, aber Herr Finkgast, der lange in der Halle ausgeharrt und nach ihr Ausschau gehalten hat, kommt ihr nachgeeilt und spricht sie an: »Guten Abend, Frau Berg! Würden Sie mir die Freude machen, noch ein paar Worte mit mir zu plaudern?«

»Guten Abend! Ich bin eigentlich nicht darauf eingestellt, entschuldigen Sie, Herr Finkgast, ein andermal gerne, ich muß noch meine Rolle üben.«

»Also verschieben wir den kleinen Plausch, wollen Sie nicht wenigstens einen kleinen Gute-Nachttrunk mit mir nehmen, wir können im Haus bleiben. In der Bar?«

»Also gut, ein halbes Stündchen, Herr Finkgast, weil Sie es sind; gehen wir in die Bar.«

Die Bar ist voll um diese Zeit, aber dann entdecken sie, in der Türe stehend, einen leeren Zweiertisch in einer Nische. Eine Hand streckt sich aus, als sich Phila hinter Finkgast zwischen den Tischen hindurchschlängelt. Es ist Putzi.

»Du, dich habe ich gesucht, wo steckst du denn immer? Kann ich nachher zu dir hinaufkommen?«

»In einer Stunde?« fragt Phila zurück. Putzi nickt und wirft ihr eine Kußhand nach: »Na also, da ist das Mädchen ja wieder.«

Finkgast hält den Stuhl bereit. Sie bestellen, sie trinken, sie sehen sich an und aneinander vorbei. Die anderen Gäste reden laut miteinander. Die goldglänzende Tapete harmoniert mit den Wandleuchten, der Nischeneinfassung in Rot, dem dunkelfarbenen Holz und den Wandspiegeln.

Das ist schade, denkt Phila, ich habe kein Abendkleid an, jeder könnte meinen Rückenausschnitt in den Spiegeln bewundern. »Ich habe keine Abendkleidung an, hätte ich mich umziehen sollen?« fragt sie, einen lockeren Tonfall benutzend.

»Sie brauchen das doch nicht«, sagt Finkgast artig. Phila lächelt.

»Könnten Sie sich vorstellen, unsterblich zu sein, Frau Berg? Ich meine Ihr Körper, Ihr Geist, wenn der wiederholbar wäre, könnten Sie sich das vorstellen?«
Finkgast redet, als rede er von Gott und der Welt.

»Ich könnte es mir einerseits vorstellen, andererseits nicht, denn« schließt Phila an, »vielleicht würde ich mich bei der Wiederholbarkeit doch langweilen und würde von einigen, ich gebe zu, interessanten Aspekten abgesehen, bald ermüden, was dem Publikum nicht zuzumuten wäre.«
»Aber es wäre doch gegen den Tod!« sagt Finkgast.
»Es wäre auch gegen das Leben!« antwortet Phila.

»Wir wissen, daß Sie einem Versuch zugestimmt haben, Frau Berg!« sagt Finkgast kühl. Seine Finger trommeln auf den Tischrand, während er fortfährt: »Es hat deshalb nicht die volle Bedeutung, und es entspricht weiter nur einer Teilwahrheit, wenn Sie etwas ›vielleicht Wahres‹ zu sagen versuchen. Ich bin gespannt, wie Sie sich aus dieser Affäre ziehen wollen. Der Augenblick der Wahrheit kommt schneller, als Sie es sich wünschen.«

Phila ist äußerst freundlich, als sie sagt: »Was meinen Sie damit? Ihr Ton, Herr Finkgast, sind Sie verärgert? Sie wollten doch ein kleines Plauderstündchen, aber wenn Sie nun doch zu müde sind, ich muß auch noch etwas tun.« Phila betrachtet Herrn Finkgasts Gesicht, bis die Spannung wieder der überlegenen Kühle gewichen ist.
»Das Publikum, das Sie, verehrte Göttin der Leinwand und Zeitschriften, so mit Fleiß und Schönheit verwöhnen, wird es Ihnen übelnehmen, wenn es eines Tages und ohne Vorbereitung und Gewöhnung herauskommt.«
»Was herauskommt?«
»Daß Sie sich etwas herausgenommen haben, wozu andere kein Geld haben.«

»Und was sollte ich Ihrer Ansicht nach tun?« fragt Phila spöttisch.
»Sie sollten den Schwarzen Peter vordergründig uns lassen. Wir können ihn gut gebrauchen. Außerdem sind wir im Erziehen der Massen mit den adäquateren Mitteln ausgestattet, während Sie auf Verständnis und Liebe aufbauen müssen, um Idol zu sein.«
»Wer ist ›wir‹, Herr Finkgast? Sind Sie ein Militär?«
»Das kann ich unumwunden zugeben, ja. Hätten Sie die Güte, bei den Herren Doktores um eine Unterredung für mich nachzusuchen?«
»Eine Plauderstunde?« fragt Phila spitz. »Mit Doktores. Sind Sie krank? Seelisch oder moralisch?«
»Ich möchte ein Angebot formulieren«, sagt Finkgast und lächelt breit.
»Also moralisch«, konstatiert Phila. »Aber wer sagt Ihnen, daß es Doktores gibt, die Ihnen helfen können, ich meine, bei Ihrem moralischen Problem?
»Wir möchten niemanden entführen, wenn es geht. Wir, die Militärs«, setzt er mit einer kleinen Verbeugung hinzu.

Eine Sängerin tritt auf, singt auf der kleinen Bühne. Sie singt heiser in die Gespräche. Es wird stiller, bis nur noch ihre Stimme mit der des Klaviers zu hören ist.
Ein dunkler Nachtvogel mit heiseren Lauten versehen, das Knacken von Holz, ein klagender Seufzer im Gebälk, ein Rascheln, ein sich Winden zwischen verschiedenen Dunkelheiten, ein Arm, weich und weiß aus dem Kleid, der Schulter voran auf etwas, im Text Verstecktes, Unerreichbares, Unnahbares zeigend.
Das Klavier springt mit ein paar Takten hinterher. Die Gäste klatschen.
»Also, haben Sie es eilig, die moralische Adaption vorzu-

nehmen?« fragt Phila, »Ich würde dann sagen, noch in dieser Woche, schon wegen des Schmuckstücks sollten Sie bald mit den Doktoren reden können, ich werde es übrigens bei dem Gespräch tragen. Haben Sie keine Doktoren beim Militär?«

»Keine solchen«, gesteht Finkgast. »Sie sind eine kluge Frau«. Finkgast trinkt. »Wollen Sie tanzen?«

»Wissen Sie genau, mit wem Sie tanzen? Vielleicht mit einer Unsterblichen?«

»Wir wissen, daß Sie noch in den Anfängen sind, also genau der richtige Zeitpunkt, um mit Frau Berg zu tanzen, und genau der richtige Zeitpunkt, die Angelegenheit zu steuern.«

»Ich möchte nicht tanzen. Ich möchte diesen Abend als einen interessanten Abend titulieren, mich bei Ihnen dafür bedanken und an das noch ausstehende Rollenlesen gehen. Gute Nacht, Herr Finkgast.«

Finkgast steht sofort auf und verneigt sich über Philas Hand. »Gute Nacht, Frau Berg.«

Putzi kommt eine halbe Stunde später in ihre Räume. Er wirkt aufgeräumt. Unter seinem Arm trägt er eine Tasche ohne Henkel. Aus ihr kramt er einen Stoß Briefkarten, die Phila unterschreiben soll, Fanpost, Zeitungsausschnitte. Er liest ihr einige der Verehrerbriefe mit entsprechender Mimik und Theatralik vor.

»Liebste Frau Berg, seit ich Ihre letzten Filme gesehen habe, bin ich Ihr Verehrer (Putzi verneigt sich im Stehen und tönt weiter) ... und nicht nur das, ich wurde über Nacht Ihr aufrichtigster (Putzi richtet sich auf, um gleich darauf auf die Knie zu fallen) ah, Diener (mein Gott, ist der anstrengend) lassen Sie mich einmal, liebe Frau Berg, (Putzi steht auf) ein einziges Mal, Sie von Angesicht zu Angesicht (Putzi kommt vor Philas Gesicht und starrt sie aufdringlich an) sehen. Das ist mein größter Wunsch. (Putzi klopft sich auf die Brust). Bitte antworten Sie mir, ob dies möglich ist! Antworten Sie, Frau Berg?« fragt er dann.

»Ja«, sagt Phila aufgeräumt, »antworten wir ihm, daß ich mich über seinen Brief gefreut habe und es schön wäre, um so nette Verehrer zu wissen, daß, wenn die Zeit und der Zufall es so wollen, wir uns irgendwann begegnen werden und ich mir seinen Namen notieren werde, um gegebenenfalls bei einer Party mit vielen interessanten Gästen ihm eine Einladung zukommen zu lassen bedacht sein würde usw. usw. du weißt schon, Putzi, noch etwas Nettes, aber nicht zu nah.«

»Da ist eine Karte aus Griechenland. Athen, schöne Briefmarke, sieh her, kennst du den? Da zwei alte Damen, die dich toll finden, nur das Dekolleté trügest du ein wenig zu tief ausgeschnitten, aber du könntest das noch unbestreitbar, und sie wüßten auch nicht, ob das nur deine Berufskleidung wäre, wo habe ich nur den Brief?« Putzi kramt in der Tasche.

»Ah, Marc hat mich gebeten, ihn für heute zu entschuldigen, er hat eine Verabredung, mit wem habe ich vergessen, wo hab ich bloß den Brief? Da!« Putzi hält triumphierend eine Kuvert hoch, das sind 18 Jungs aus einem Gymnasium, soll ich vorlesen?«

Phila winkt ab, »Ach, laß, noch mehr Amüsement kann ich leider nicht ertragen. Ich muß noch arbeiten, hörst du mich ab?«

»Gut, dann an die Arbeit«, sagt Putzi. »Und später trinken wir noch einen Gute-Nacht-Mocca, wenn es geklappt hat.«

Es klopft. Der Zimmerkellner bringt Rosen und Sekt. »Von Marc«, sagt Phila, als sie die Karte gelesen hat. »Er wünscht uns einen schönen Unterschriftenabend.«

»Und hier ist noch ein Brief«, sagt der Kellner, »er ist gerade abgegeben worden.«
Der Kellner tritt zurück und schließt die Türe. Phila öffnet den Brief. ›Ich bedanke mich für Ihre kluge und umsichtige Mithilfe, das Rendezvous zu organisieren. Ihr Finkgast‹
»Ärger?« fragt Putzi, der Philas Stirnrunzeln beobachtet.
»Finkgast«, sagt Phila trocken und ohne weitere Erklärung.

– · –

Phila schläft schlecht in der Nacht. Viele Gestalten bevölkern ihre Träume. Noch immer ist es sehr heiß, und kein Sommerregen kühlt die Dächer und Straßen, in der sich die verbrauchte Luft von gestern und den Tagen vorher unbeweglich aufzuhalten scheint.

Als hätten sich alle Personen und Unpersonen ein Stelldichein in ihren Träumen bei ihr erschlichen, denen sie selbst zu entkommen suchte, bewegte sie sich mitten in den taumelnden, bizarren Figuren um sie her.
Weiß und Violett übertönte mit seinen wallenden Nebelgewändern dünn wie Fensterstores die wenigen der festen Farben und erstickte die Musik, die aufgeklungen war, so daß sie nur dumpf zum Ausdruck kam.
Sie glich einem Singen, auf das ein Kissen gelegt und festgepreßt wird. Phila fand die Möglichkeit zu fliehen. Sie plante, sich durch die Tanzenden, tanzend einer schiefgebauten Türe zuzubewegen und im Vorbeitanzen mit einem Griff nach dem Knauf zu fassen, und falls die Türe offen wäre, sich hinauszudrücken.
Als sie die Türe durch Gesichter und Fratzen hindurch erreicht hatte, griff sie nach dem glänzenden Metall des Türknaufs. Er ließ sich drehen, aber hinter ihr war die Gesellschaft, der sie zu entkommen suchte, bereits in Reih und

Glied, wie zu einer Prozession geordnet, und als Phila die Türe aufmachte, war da ein dunkles Loch, in das sie hinabstürzte, ohne etwas zu spüren.
Doch, ein Kitzeln in der Magengrube spürte sie. Phila fiel aus dem Loch hinaus in gleißendes Licht. Es blendete, und sie schützte ihre Augen, konnte aber trotzdem wenig sehen. Da erinnerte sie sich an ihre Sonnenbrille in der Handtasche. Es wurde erträglich vor ihren Augen, und es war, als trüge sie die Brille.
Unten standen bereits all die Figuren im hellen Tageslicht. Sie mußten schneller hierherbewegt worden sein. Phila versuchte in einigen Metern Höhe zu bleiben und durch die Gassen zu fliehen, deshalb ruderte und ruderte sie in der Luft mit ihren Armen, aber es nutzte nichts, sie wurde abwärts gedrückt.
Kaum hatte sie die Füße auf dem Boden, rannte sie los. Hinter ihr gab es ein infernalisches Geheul. Das konnten nicht alles Menschen sein.
Sie rannte. Über ihr türmten sich die Stockwerke. Wäsche hing bunt von Balkonen. Die Gasse war sehr eng. Hinter ihr rannte die Meute, und als sie nicht mehr weiter wußte, ging der Traum in einen anderen über – und weiter so – die ganze Nacht.

*

Als Zitha die Augen öffnete, hatte sie vorher bereits lange wachgelegen. Sie spürte den unbändigen Hunger, das, was in ihre Räume eingedrungen war, zu zerstören, zu töten. Durch die geschlossenen Lider hindurch versuchte sie, ihre Blicke durch das Schlafzimmer zu senden, um den Fremdling zu erspähen.

Zithas Haut atmete den fremden Geruch, nahm ihn wahr. Sie strengte ihr Gehör an. Der Fremdling machte kaum ein Geräusch. Er blieb an einem Platz und rührte sich nicht weiter.

In den Gläsern im Labor atmete und schmatzte sie. Sie war auch dort gesund, jedoch weniger entwickelt. Einzelteile ihres Selbst entstanden in langen Reihen. Beinfleisch, Fingerknorpel, Zehen. Zitha mahlte unbewußt mit dem Kiefer. Dort drohte ihr im Moment keine Gefahr. Inzwischen hatten ihre Sinne den Raum geortet, in dem der Fremdling stand. Er stand im Wohnraum. Er war eine Pflanze. Ein Ficus elastica, auch Gummibaum genannt, konstatierte sie.

Zitha stand auf und fraß den kleinen Ficusbaum auf. Sie bekam keine Beschwerden hinterher und frühstückte danach.

Als Lon anruft, ist sie bereits fertig gewaschen und elegant gekleidet.

Im Labor war sie, fleischlich gesehen, sich selber nahe. Zitha ließ die Laborprüfungen über sich ergehen, nahm ihr Lernpensum, vielleicht wurde sie beobachtet. Sie suchte mit den Augen und anderen Sinnen die vom Labor abgehenden Türen ab und fand den richtigen Zugang zu den anderen Ichs.

Das Lernen machte ihr Spaß und sie wollte mehr wissen. Während die Doktoren sich um sie bemühten, nahm sie unterschiedliche schwache Geschlechtsgerüche wahr. Mit ihren anderen Ichs trat sie auf der Zellulärebene in Kontakt, worüber diese froh waren. Kraft ihrer Sinne entdeckte Zitha Zellproben von sich, und daß diese in Gefahr waren, verschiedenen Einflüssen, auch Giften, ausgesetzt zu werden.

Sie suchte den Kontakt und befahl den Proben abzusterben, bevor sie von äußerer Hand sterben mußten. Die Zellen stellten ihre Lebenstätigkeit ein. Der Rest des Tages verlief wie sonst auch, nur daß Lon sie fragte, warum sie den Kot in die Dusche gesetzt hatte. Sie antwortete gleichmütig: »Weil ich nicht weiß, ob Sie wirklich meine Freunde sind und« fügte sie hinzu, »ich auch nicht weiß, ob Sie mir behilflich sein werden, meine Vergangenheit zu suchen.«

Frau Berg ist damit einverstanden, daß sie sich mit Ihnen trifft, sobald es ihre Zeit erlaubt. Sie ist sehr interessiert«, antwortet Lon.

»Ach ja, Frau Berg, die Erwartete«, meinte Zitha ohne Erregung. »Wann kann ich sie sehen?«

»Bereits in den nächsten Tagen«, sagt Lon.

»Gut, ich werde inzwischen weiterlernen. Ach Lon, wenn Sie mir wieder etwas in meine Wohnung stellen wollen, bitte kündigen Sie es vorher an. Ich liebe solche Überraschungen nicht. Die Pflanze ist kaputt. Sie hat mich erschreckt, als ich ins Wohnzimmer kam. Sie können mir eine neue bringen, jetzt kann ich aufpassen.«

*

In Philas Appartement sitzen drei gepflegte Herren, denen man nicht unbedingt ansieht, daß sie sich mit einer bahnbrechenden Forschungsarbeit beschäftigen. Dr. Hermes sieht, den Mocca von Marc entgegennehmend, auf die Uhr. Phila hat sich gut frisiert und ist mit einem dunklen Cocktailkleid bekleidet. Sie trägt den weißen Schmetterling mit den aufgespannten Flügeln nach außen am Hals. Die Abendsonne verleiht den Gesichtern einen warmen, rotgoldenen Ton.

Phila steht am Fenster und blickt auf die Straßen. Auf dem Balkon glühende Geranienköpfe und weißrosa Fuchsien in einer Schale, ein Liegestuhl, in dem das Sonnenlicht liegt, ein Korbstuhl, ein kleines Korbtischchen mit der Tageszeitung darauf.

Die Balkontüre steht offen, aber es entsteht kein Luftzug. Nur der wehmütige Duft, der dem Abend zu eigen ist, breitet sich im Raum aus, in dem sie zusammensitzen.

»Hätten wir nicht die ganze Gruppe zusammenrufen sollen und erst einmal planen, wie wir uns verhalten sollen?« fragt Marc.

Ich glaube, es ist besser, wir schlagen manches Anerbieten oder Geschäft im Vorfeld ab, es könnte doch sein, daß überzogene Profitgier ins Spiel kommt oder eine Spaltung der Meinung unsere Sache gefährdet«, sagt Dr. Hermes.

Das Telefon klingelt. Phila nimmt ab: »Ja, danke, ich komme hinunter. Er ist da«, sagt sie, als sie aufgelegt hat, »ich empfange ihn.« Phila geht aus dem Raum und kommt bald mit Herrn Finkgast zurück. Man stellt sich vor.

»Kommen wir zum Geschäft«, sagt Finkgast, nachdem er einen trockenen Weißwein vor sich stehen hat, verbindlich aber kalt: »Wir bestellen bei Ihnen den nach bestimmten Merkmalen ausgerichteten Soldatenprototyp. Wir besitzen gesicherte Informationen über Art und Umfang Ihrer geheimen Tätigkeit. Es hat also keinen Zweck zu leugnen, oder den Stand Ihrer Forschungsarbeit zu schmälern. Es wäre sinnlos.

Wir könnten jederzeit an die Sachen herankommen. Ein Wink zur inneren Sicherheit oder anderen Stellen genügt.

Aber wir ziehen es vor, Ihre Mitarbeit vorausgesetzt, dies friedlich und wie Geschäftsleute zu tun.«

»Wie hoch ist Ihr Einsatz?« fragt Marc.

»Hoch genug, wenn man bedenkt, daß wir praktisch alle Trümpfe in der Hand halten. Wir stören Sie nicht weiter in Ihrer Arbeit. Wir bestellen und bezahlen den Aufwand plus Gewinnspanne. Für den ersten, also den nach unseren Vorstellungen gelungenen Prototyp so viel, daß Sie sich eine goldene Forschernase daran verdienen können und jedes weitere Stück entsprechend der Abmachung.«

»Wir hatten nicht vor, mit Ihnen Geschäfte zu machen«, sagt Dr. Hermes. Sein Haar glänzt auf, während er spricht.

»Aber wir waren schneller. Das zählt!« sagt Finkgast schneidend und mit ein wenig Stolz. Er hielt mit seiner kühlen Art die Wissenschaftler, die sich gewappnet hatten, verschiedene Ansinnen solcher und ähnlicher Art mit Argumenten abzuweisen, dies aber mit Takt und Verbindlichkeiten, wie man es unter Geschäftsleuten kennt, zu tun gedachten, in Bann. Aber sie lernten schnell.

»Vorausgesetzt, es gelänge, so einen herzustellen«, Dr. Hermes wurde geschäftsmäßig, »an welche Eigenschaften haben Sie beim Soldaten gedacht? Welche sollten vermieden werden?«

»Genaue Angaben werden noch gemacht werden. Der Soldat als solcher wird in verschiedenen Ausführungen gebraucht werden. Allen sollten mehr oder minder psychische Komplikationen erspart bleiben, jedoch die körperliche Aktivität müßte lenkbar sein. Gehirnmechanismus soll intakt sein.

Jedoch sind notwendig: der Ausschluß geistiger Kräfte und Ideale, sowie eine unterdrückbare Unabhängigkeitsbemühung und Willensentscheidung, Offenhalten bestimmter gewollter Reaktionen, die Möglichkeit, über Psychopharmaka im Mannschaftsessen oder Depotspritzen Veränderungen herbeizuführen. Empfängersensoren für die Befehlsentgegennahme und Gleichschaltung. Genauere Angaben werden, wie gesagt, noch ergehen.«

Finkgast holt Luft. »Ihre anderen Geschäfte werden davon nicht berührt. Sie dachten doch sicher daran, Organbanken zu bestücken? Nach dem Eid des Hippokrates müßten Sie so handeln.«

»Wie lange hätten wir Zeit?« fragt Moviak.

»Sie sollten in einem Jahr so weit sein, daß der Soldat brauchbar ist. Eine Fabrik wird notwendig sein. Ich möchte Ihr Labor sehen!«

»Nein!« sagen die Doktoren fast gleichzeitig. »Nein«, sagt Phila, eine Sekunde später.

»Also gut, eines Tages werden Sie mich dazu einladen, Ihr Labor zu besuchen.«

»Was mich noch interessiert«, sagt Dr. Clut, »wer hat Ihnen von unserem Projekt erzählt?«

»Wir haben überall unsere Freunde, Dr. Clut. Und später haben wir uns vergewissert, daß das, was uns zugetragen wurde, stimmt.«

»Bekommen wir Krieg?« fragt Phila. Finkgast sieht sie überrascht an.

»Ja, Frau Berg. Aber es müssen nicht mehr so viele Väter und Söhne von ihren Familien weg. Das Bruttosozialprodukt bleibt im Wesentlichen erhalten. Sie bemerken vielleicht gar nichts davon.«

»Und in der ersten Zeit haben Sie den Überraschungsbonus auf Ihrer Seite, wenn Sie die neuen Truppen aufmarschieren lassen oder ohne wirksame Verluste zusammenbomben lassen können«, sagt Clut. »Sie brauchen auch nicht mehr zu warten, bis die nächste Generation herangewachsen ist. Krieg! Krieg! Jeden x-beliebigen Tag Krieg, wenn Sie wollen. Wenn nicht mehr für uns, so doch für andere Nationen, für deren Väter, für deren Kinder und Frauen. Tod und Verderben!« Dr. Clut unterdrückt ein Würgen im Hals.

»Sie vergessen doch, daß wir in einem Zeitalter sind, in dem der Infanterist nicht mehr die Hauptrolle spielt. Vergessen Sie die Raketen und Bomben nicht, die Abwehr der Gegenseite.« Finkgast winkt ab und spricht weiter: »Allein mit dem Soldaten aus der Retorte können wir keinen Krieg gewinnen, er wird zu verschiedenen Zwecken dienlich sein, natürlich auch im Krieg oder bei Okkupationen.«

»Sie wollen den totalen Machtanspruch mit einer Drohung manifestieren, auch gegen Zivilisten, habe ich recht?« Phila blickt Finkgast fest in die Augen. »Die Soldaten wären überall einsetzbar.«

»Auch um Ruhe, Recht und Ordnung zu erhalten«, sagt Finkgast ruhig. Sein Blick ist auf Phila gerichtet. Etwas wie Achtung für die Frau schwingt in seiner Stimme mit, als er meint: »Sie denken mit, das ist bei Frauen selten.«

»Vielleicht bei der Erziehung, die die Frauen in Ihrer unmittelbaren Nähe haben! Ich kenne doch einige Frauen, die mitdenken oder gar vordenken.« »Leider sind deren Auswirkungen nicht in großem Maßstab zu messen«, sagt Finkgast, »sondern die von Männern.«

»Leider, sagen Sie? In Ihren Kreisen dürfte es wohl so und nicht anders gewollt sein«, antwortet Phila etwas zornig. Sie nippt am Bitter Lemon, dann nimmt sie doch einen großen Schluck. Als sie das Glas absetzt, sind ihre Lippen feucht. Die Männer sehen darauf.

»Aber laß doch, Liebes!« sagt Marc. Er wendet sich an Finkgast und macht eine kreisende Armbewegung mit dem Glas, hebt es hoch: »Trinken wir auf die Frauen, meine Herren?«

Er bekommt Zustimmung. Auch Finkgast trinkt, über den Glasrand Phila anlächelnd, mit. Phila deutet seinen Blick: Ihnen haben wir es zu verdanken, daß wir im Geschäft sind.

»Begraben wir den Krieg zwischen Frauen und Männern. Ich gebe zu, es sind auch oft die Frauen, die eine Veränderung herbeiführen«, sagt er dann.

Phila konnte fast schwören, daß sie innerlich total rot wurde und hoffte fest darauf, daß das Make-up nichts durchließ. Tatsächlich war ein dunkler Schimmer auf den Wangen, der bald zurückflutete.

Der Abend drängte heran. Gerüche veränderten ihre Intensität. Neue wurden wahrgenommen. Der Straßenlärm kam abebbend zur Geltung. Die Sonne war verschwunden. Die Geranien bekamen ihr normales Geranienrot zurück. Um den Couchtisch wird es still.

Dr. Moviak trinkt sein Glas aus und steht auf. »Ich muß mich jetzt verabschieden. Danke für die Gastfreundschaft, Frau Berg. Wir hören sicher noch von Ihnen?« wendet sich Moviak an Finkgast.

»Ja, wir werden uns bald wieder bei Ihnen melden.« Finkgast steht kurz auf und deutet eine Verbeugung an.

Moviak geht als erster zurück, das hatten er und seine Kollegen so abgesprochen. Die Präparate hingen noch fest an den Stationen. Aber Zitha durfte nicht so lange ohne Schutz und Kontrolle bleiben.

Einen Tag später genießt Phila den drehfreien Morgen. Sie frühstückt ausgiebig, badet, bürstet sich das Haar. Gegen Mittag steht das bestellte Taxi vor der Türe.

Bald sind die letzten Häuser der Stadt erreicht. Tankstellen, Fabriken, dann die Industrieviertel. Ansammlungen von Lagerhäusern mit psychologischem Grünanstrich. Als

könnten Wiesen die Senkrechte hinaufwachsen, grüne Felswände, hellgrüne Felswände, Riesenschachteln mit obligatem Inhalt, Gebrauchsgüteraufbewahrung, Umschlag- Handelsplatz, Handlung per Telefon.
Lagerung direkt zwischen weitausgewalzten Beton- und Asphaltdecken, Grau, Anthrazit, die letzten Versuche der Vorgärten in Äcker überzuleiten, mißachtend. Wasser- und luftabstoßende Parzellierung mit Siemens-, Daimler- oder Blumenstraßen, Nelken-, Rosen-, Oleanderstraßen als romantisch bunte Lesebonbons.

Fitnesscenter, Großraumdiscos, SB-Hallen gaukeln in einer Bodenwelle. Hochspannungsleitungen. Trassen mit unglaublich schnell transportierter Hochspannung: Oh, du schöner, grüner Wald, du meiner Lust und Wehen, andächtiger Aufenthalt: Wiederholung, Verdoppelung. Die Trassen jetzt zu viert, kreuzen mit zwei anderen.

Die Landschaft scheint hügelig. Gelbe Buckel weiten sich aus, später kommen Maisfelder hinzu. Hoch ist er, der Mais, und die Kolben recken bereits sichtbar den rostroten jugendlichen Bart.
Danach Kartoffelfelder nach Kartoffelfeldern, Kirschbäume, Apfelbäume, Gras. Schnelles Gras am Fenster vorbei. Es steht angestaubt. Insekten leuchten auf. Glashäuser. Frisches Gemüse, sagt das Schild.

Bald muß die Abzweigung kommen, auf die alte Landstraße, das ist sie nicht, alles wirkt verschoben. Die Obstbäume und die alte Landstraße sind nicht auffindbar, ein Schild zeigt den neuen Weg. Später wird die Straße doch vertrauter, ist wieder alt, mit all den Schrunden der Winternächte verwundet und all den Vernarbungen des mitleidigen Straßenmeisters versehen, führt sie über die Brücke, die so rundbuckelig den Bach überspannt, daß man von demjenigen, der drüben steht auf der anderen Seite, gerade

noch Kopf und Brust sieht. Ein rotes Moped liegt im Wasser. Die Bäume entlang dem Spazierweg sind nicht gealtert. Autos kommen entgegen. Man fährt langsam aufeinander zu, jeder bringt ein Radpaar auf den abschüssigen Fahrbahnrand, fährt langsam am anderen vorbei.
Man sieht sich an, grüßt mit einem Nicken. Das war immer so. Obstbäume stehen, eine Hohlgasse aus Holzsäulen und Laub bildend, entlang der alten Landstraße. Die Frucht ist fast ausgebildet.
Dann sind sie da.

Es gab nie einen richtigen Dorfplatz, sondern einen Platz, der zwischen Kapelle, in der der Pfarrer alle zwei Sonntage eine Nachmittagsandacht hielt, und einem wuchtigen Bauernhaus lag.

An den Rändern des Platzes wurde Holz gelagert, auch Sand und Schotter. Im Frühling blühte dort der Huflattich, und der grünschwänzige Schachtelhalm brach überall durch.
Das Haus hatte zwei Wirtsstuben unter seinem ausladenden Dach, in denen Hochzeiten, Taufen, Beerdigungen, Maifeste, Feuerwehrfeste, Musik, Liederkranzfeste und Sonnwendfeiern, mit den notwendigen Dingen für das leibliche Wohl versorgt, gefeiert wurden.
Dazu zählten: Bauernwürste und Brot oder Wurstsalat, Most, Bier und Wein, aber auch Apfelsäfte für die Kinder. Zu den Feiern kamen die Bitt- und Dankprozessionen, die auf dem Platz zwischen dem Wirtshaus und der Kapelle, zeitweilig ihre Auflösung fanden, um dann ihren Fortgang zum Goldenen Hirschen, wie das Gasthaus hieß, zu nehmen.
Dies trug sich auch nach dem sonntäglichen Kirchgang im Nachbardorf zu, wenn durch des Pfarrers Ermahnungen

und eigenem nachdenklichen Heimkehren, die Anschuldigungen des Pfarrers büßerhaft nach Hause schleppend, sich der Durst bemerkbar gemacht hatte. Auf diese Weise konnte das Heimkehren mehrere Stunden andauern.
Aber meist kamen um zwölf die Kinder, ihre Väter zum Sonntagessen heimzurufen. Einige Kinder kamen zwei- oder dreimal, und besonders diese Kinder, die so oft kommen mußten, standen dann mit eingerollten Zehen etwas schüchtern an ihres Vaters Seite, um ihn abermals durch ihre magere Anwesenheit an das Mittagessen zu erinnern, das die Mutter zubereitet hatte.

Weiter zurück, vom Holzplatz aus in Gassen mündend, standen weitere Bauernhäuser da, mit ihren Gemüsebeeten und Holzzäunen vor dem Haus und der Bank unter dem Stubenfenster.
Auf dem Platz zwischen der Kapelle und dem Goldenen Hirschen hatten abends oder sonntags die Kinder und jungen Leute gespielt. Fangen, Verstecken, Ball, Federball, Kreisspiele wie: nasses Gras, nasses Gras unter meinen Füßen, hab verloren meinen Schatz und werd ihn suchen müssen, suche hier, suche dort, suche unter allen, dieser wird der schönste sein, der mir wird gefallen . . .
Phila hörte kurz auf die hellen Kinderreime in ihrer Erinnerung.

Hinter den Hausdächern standen doch ein paar hohe, alte Bäume. Wenn der Sturm aufkommen wollte, hatten sich die Kronen weit von ihrer Mitte weggebogen. Ein quirliges Rauschen, das immer wieder abbrach, um erneut und verstärkt zu beginnen, um wiederum abrupt abzubrechen und eine gespannte Stille zu erzeugen. Weit entfernt war der Himmel dann schon düster gewesen. Es schien, als wolle das Baumvolk fortrennen. Ja, die hohen Bäume glichen

Riesengestalten, die vornübergebeugt fortrannten. Aber sie blieben, waren sie doch wie in einer Fotografie mitten in der Bewegung gefesselt.
Ihre Blätter wurden silbrigweiß, der Hintergrund wurde dunkler. Je dunkler der Hintergrund wurde, um so leuchtender wurden die Blätter, bis sie ein unwirkliches Silberleuchten auf die bahnbrechende Dunkelheit warfen.

Dann wurden sie still. Das war der Augenblick, an dem die Vögel zu singen aufhörten und sich festkrallten, die Hühner irgendwo auf der Stange hockten, die Hunde um Einlaß winselten. Wehe dem, der dann kein Dach über dem Kopf, oder die Wäsche auf der Leine vergessen hatte.

Ein paar der alten Bäume standen noch. Sie, die so oft geredet, gesäuselt hatten, standen schweigsam.
Der Platz war inzwischen mit Kopfsteinpflaster belegt.
In der Mitte ein neuer Brunnen aus Stein. Geranien hängen herab.
Der Goldene Hirsch ist nur noch an seinem Schild kenntlich, er ist größer und jünger geworden. Im Hof ist ein Parkplatz. Die Kapelle, renoviert sieht sie aus, ist im Kopfsteinpflaster eingebettet. Es sind einige Häuser dazugekommen. Kinder und Jugendliche mit Fahrrädern und Mopeds lehnen im dünnen Schatten der neugepflanzten Bäume, deren Wurzeln unter dem Pflaster von einem schmückend gelochten Ring aus Sandstein liegen.
Der Sandstein hat eine Farbe, die dem Kopfsteinpflaster ähnlich ist.
Die Kinder und Jugendlichen stehen auf, als das Taxi auf dem Platz hält.
Phila steigt in die Hitze des Tages.
Die Sauberkeit ihres kleinen Dorfes blendet sie ebenso wie die Sonne, die auf die neuen Kupferdächer aufkommt.

»Warten Sie bitte im Goldenen Hirschen auf mich, bestellen Sie sich etwas«, sagt sie zum Taxifahrer, »ich sehe mich ein wenig um und besuche jemanden.«
Der Taxifahrer tippt an seine Mütze und fährt in den Hof.

Phila sieht die neugierigen Blicke der Dorfkinder und vergißt sie wieder. Sie kennt sie nicht, weiß nicht, vom wem sie sind, vielleicht von Schulkollegen oder von Zugezogenen. Sie weiß es nicht, schaut auf die blitzenden, vergrößerten Fenster, auf die kleinen Rasenflächen vor den Häusern, die angebauten Garagen mit den Terrassen darauf.
Es sind Leute unterwegs, sie kennt die zwei jungen Frauen mit ihren Kinderwägen nicht, die ihr auf dem Gehweg entgegenkommen. Phila weicht aus, sieht ihnen nach, greift in ihre Handtasche. Wie so oft spürt sie den alten eisernen Schlüssel in ihrer Hand, da steht das Haus der Philomena, da wächst Gras in den Fugen der Treppensteine, die zum Keller führen, und dünnes Moos.
Die Läden sind offen, die weißen Fensterstöcke mit dem Kreuz darin; wie es immer war, alt und klein und das einzige Haus, das, soviel Phila sehen konnte, nicht modernisiert worden war. »Ach, Phila'ahn, warum konntest du nicht leben, bis ich zurückkomme?« Sie schließt die Türe auf.

Die Türangel macht ein kratzendes Geräusch. Im Flur liegt Dämmerlicht, als Phila hinter sich die Haustüre schließt. Die Kommode, die Spitzendecke, darauf ein getrockneter Rosenstrauch. Eine Ansichtskarte steckt am Türrahmen zum Schlafzimmer.
Es ist die letzte Karte, die sie aus Mexico hierhergeschickt hatte; mit den besten Grüßen, und vergiß das kleine Mädchen nicht. Die Ansichtskarte rollt sich bereits an der Ecke. Sie steckte schon einige Zeit da.

Niedere Türen werden sachte aufgestoßen, helle Sonnenvierecke liegen in den Stuben, leise Schritte gehen über Riemenböden, dämpfen ab über Fleck- und Webteppichen, die in bunter Vielzahl im Haus verstreut liegen. Kommoden aus dunklem, seidigem Holz werden gestreichelt, gedrechselte Stühle, eine Vitrine mit verzierten, vergoldeten Tassen und Gläsern.

Phila meint, ihr Kinderreich wiedergefunden zu haben. Sie rührt sacht den Staub ein wenig durcheinander, so sie von einem Stück zum anderen schlendert, die Hände zum Streicheln bereit geöffnet, kommt sie durch hereinfallende Lichtbahnen, träumt, verlangt sich hindurch, gleitet aus der hellen in eine schattige, gleichwohl mit feinem Licht versponnene Halbdunkelheit, die sich auflöst, wenn sie sich darin befindet.
Das Sofa steht schmuck vor der weißen Holzwand, darauf gehäkelte und nun angegilbte Sofakissen. Die rundlichen braunen Füße, die Holzumrandung um den grünen Plüsch. Armlehnen schwingen zierlich zur Rückenlehne und von dort der Mitte zu.

In der dunkleren Küche ein alter Herd, der einfache Holztisch, zwei Stühle, Gerätschaften hängen an der gekalkten und angerußten Wand, der Steinboden gibt jedem Fuß, der vor den anderen tritt, die erwartete Antwort.
Hier war sie bei Phila'ahn gesessen und hatte Brotbrocken mit Zucker und Kaffee in der großen Tasse bekommen, eine fette Milchhaut auf frischem Brot, oder sie hatte Dörrobst gekaut, wenn es Winter war. Die weißgescheuerte Mehlkiste stand noch da, und die Schatten waren ausgeworfen. Phila beugte sich, um aus dem Küchenfenster hinauszusehen.

Und ohne hinzusehen, noch während sie sich bückte, erinnerte sie sich an die Obstwiese und den Garten hinter dem Haus, an den Geschmack der Klaräpfel, der Lederäpfel, der Mostbirnen, die so rot geleuchtet hatten auf einer Seite, daß sie deren Bitternis nie hatte akzeptieren können und in jedem Jahr mindestens in eine hineinbiß. Die süßen Pflaumen, dick und rotviolett hatten sie gehangen gleich neben dem Holzstall, in dem die Gartengeräte standen.

Sie blickte durch das angestaubte Fenster in der Steinmauer. Alles war hell und blaß. Die Wiese war gemäht. Unter den Obstbäumen war keine Wildnis entstanden. Es schien, als sei das Haus bewohnt, die Besitzerin nur ein paar Tage von ihrer Heimstatt entfernt, was fehlte, waren nur die frischen Blumen im Haus.

Auch im Garten entzündeten keine bunten Flecken das Bild. Aber sonst war kaum eine Veränderung zu bemerken, höchstens, das fiel Phila jetzt auf, fehlten die Speisen in der Küche. Sie wendete sich um.

Da auf dem Regal waren Marmeladen und Eingemachtes gestanden. Jetzt hing weder Wurst noch Speck, wie damals, von der Decke. Kein Essig, noch Gurken oder anderes Eßbares standen da. Aber sonst schien alles wie immer.

Am Nachmittag würde die Sonne den schmalen Weg durch die tiefe Fensternische bis auf den Küchentisch finden, Apfelschalen, die sich endlos verlängerten, vergolden, geschälte Äpfel bräunen, und feste, biegsame Finger, die mit Schälen beschäftigt waren, herausheben aus den unzähligen Tagesarbeiten.

Aber die Hände rührten sich nicht mehr. Keine Gemüseberge mußten geputzt werden. Die Gläser waren leer. Der Tisch würde allein dastehen in der fensterbreiten Sonne.

Im Schreibtisch findet Phila das Buch, auf das sie gewartet hatte. Nicht daß sie gewußt hatte, daß es ein Buch war, wonach sie suchte, es hätte auch ein Gruß, ein Brief sein können, aber so wie ihr der Notar das Testament unterbreitet hatte und ihr den Schlüssel hatte zukommen lassen, war sie vorbereitet gewesen, etwas so Persönliches wie einen Brief oder ein Tagebuch zu finden. Das Buch war mit einem roten, feinen Ledereinband versehen. Ein Aufkleber war darauf geheftet, auf dem nur ›Für Phila‹ stand.

Phila schlug den Einband zurück. Phila fand den Vergleich von einer in zwei Hälften geschnittenen Frucht gültig. Sie blättert darin vor und zurück, läßt die Seiten wie ein Rad zurückfächern, sie spürt den feinen Wind an der Hand und im Gesicht. Weißes Fruchtfleisch mit blauen kleinen Kernen. Die Passionsfrucht, nein, der Granatapfel mit seiner ledernen Haut, er gleicht dem Buch, aber sein Fleisch ist rötlich. Sie blättert bis zur ersten Seite. Sie liest die ersten Worte, oben links fängt sie an, obwohl sie sonst die Gewohnheit hatte, ihr fremde Texte irgendwo in der Mitte zu beginnen und sich dann nach beiden Enden hinzuarbeiten. »Du bist übriggeblieben«, steht da. Man hat mir eine Geschichte erzählt. Demzufolge wärest Du, wenn ich gestorben bin, die einzige, die übriggeblieben ist. »Übriggeblieben?« fragst Du, »von was, von wem?«. Erfahre also, wie es war.

– · –

Es war wohl zuerst nur ein Gedanke. Später wurde mehr daraus. Eine Idee! Eine Kraft, die zündete! Eine Flamme, die wärmte! Ein lebendiges Licht, das weitergegeben wurde von Mund zu Mund, von Generation zu Generation. Eine Flamme, der Verpflichtung vor allem zu genügen, die Lebensschnur der Menschheit abzurollen und sie zu verstärken, bis sie gesichert wäre, um dann die anderen, vielleicht auch möglichen Fähigkeiten zu erringen, die dem Menschen noch unmöglich erschienen.

Zuerst war es nur ein kleiner Kreis von Mitwissern, bis die Idee in Worte gefaßt war und sie anderen unterbreitet werden konnte. Aber um dem Ideal nachzustreben, waren Gebote und Verbote notwendig geworden, denn jeder, der davon Kenntnis nahm und sich damit auseinandersetzte, entwickelte darüber seine eigenen Vorstellungen und Gebräuche. Auf diese Weise wurde diese Idee bald zu Anfang in ihrer Entwicklung verteilt, vervielfältigt, beschnitten oder stark erweitert, kurzum, sie veränderte ihren Inhalt.
Es wurde deshalb ein strenges Reglement, nach dem es getreu zu handeln und zu eifern galt, erlassen. Schwere Sünden gegen das Reglement wurden nun begangen und bestraft, und wer nicht bestraft war, weil es niemand bemerkte, trug insgeheim Kummer um seine Sünde und war nicht mehr rein.

Waren vorher viele davon überzeugt, mit ihrem besten Wissen diesem Ideal zuzuleben und die besten, stärksten und neuen Ideen der Gemeinschaft zu bringen und sie damit zu festigen, so fiel durch die strengen Bedingungen ein gut Teil der Freude weg.

Nach und nach war der Kreis wieder kleiner geworden, bis von den früheren Anhängern gerade noch eine kleine Gemeinde übrigblieb. Diese Leute blieben nun fast unter sich.
Sie neigten zum Sektierertum, lehnten ihrerseits Menschen offenerer Auslegung ihrer Ideale ab. Generationsweise kam es sogar zu Berührungsängsten von beiden Seiten her. Aber sie hatten gelernt, weiter studiert, und es gab kein Fach, in dem sie nicht anderen weit voraus waren durch ihr Gesetz, alles Wissen, das sich über Generationen in ihrem Volk ansammelte, im Gesamten weiterzugeben und Neues zu leisten, selbst bei Gefahr.

Darum hatte diese Gemeinde der Wissenden wenig Verluste über die Jahrhunderte hinweg zu verzeichnen. Ihr Wissensvorsprung war so weit, daß sie sich wie auf einer Insel im Ozean vorkamen.
Sie waren reich, unvorstellbar reich an Wissen und was sie im Austausch dafür erhalten hatten.

Sie forschten dem Sein und dem Wesen Mensch, dem Warum, dem Woher nach, sie hatten an Kraft hinzugewonnen, benutzten ihren Verstand und ihre Sinne. Die anderen gefielen sich immer noch im Übervorteilen, in Unterdrükkung, Säuberungen und warfen ihre Völker in Kriege. Erfahrung und Wissen konnte so nicht entstehen und weitergegeben werden. Kinder bekamen nicht nur zu wenig Brot sondern auch zu wenig Bildung – erreichten oft nur das ›Kriegsalter‹. Der Frauen natürliche Kraft wurde verbraucht oder gar gering geachtet.

Sie selbst waren inzwischen so weit, daß sie vertiefte

Kenntnisse über die Natur und die Möglichkeiten ihres Werdens gewonnen hatten und Versuche machten.
Jeder hatte über die Jahrhunderte hinweg erstarkende Fähigkeiten der Mitteilung über die Geisteskraft erlangt.

Außer der Gemeinde, in der er lebte, und seinen eigenen Kindern suchte jedes der Mitglieder mindestens einem Mündel seinen persönlichen Wissensbogen und alle anderen Dinge, die erst im Ablauf eines Lebens gewertet werden können, zu übermitteln und dies unter allen Umständen, damit irgendwann das Ziel ›Menschsein‹ erreicht werde und die Saat Früchte trage.

»Erst dann, wenn erreicht wird, daß die Generationsfolge keine Frage der alternden Zellen mehr ist und Vielfalt, Wissen und Erfahrung durch den normalen Tod nicht mehr verschleudert werden«, dachten sie, »würde die raumzeitliche Nutzung und die Kolonialisierung durch den Menschen beginnen können und neue Arbeit warte.«

Sie forschten. Sie machten Versuche. Die Überlieferungen, die neuen Errungenschaften, das Überschreiten körpergebundener Grenzen hatten sie bereits im Griff. Sie überlebten. Aber nur zum Teil.
Der Körper starb. Und was ein Nachteil war, sie brauchten noch einen Körper, um zu leben und zu wirken.

An sich hatten sie nichts gegen die Körperlichkeit einzuwenden, sie beinhaltete auch Vorteile. Es war eben unumgänglich.

Sterben und Werden und Sterben waren die Bedingungen, denen die Überlieferung und damit ihr Ziel, das Ideal Mensch zu verwirklichen, um dann in weite geistige Räume eintreten zu können, unterworfen war. Das konnte Gefahren bergen.

Die Entfernung zum ›normalen‹ Alltagsmenschen, sei-

nen Nöten, seinen Urteilen, seinen Freuden war sehr groß geworden. Auch in Stunden der großen Not, in die sich diese bedauernswerten Geschöpfe immer wieder hineinschubsen ließen, rührte die Gemeinde nicht an deren Zustände. Sie blieben für sich.
Wohl halfen sie einzelnen Menschen, aber sie veränderten nicht die Bedingungen, unter denen diese lebten, obwohl sie es vielleicht gekonnt hätten.

Sie wollten sich, solange sie ihr Ziel nicht erreicht hatten, in nichts hineinziehen lassen, was ihr Ideal gefährdet hätte, und keine Pause auf ihrem Weg dorthin einlegen, um anderswo Ordnung zu schaffen.
Sie wollten erst bei Erreichen des Ideals und beim Bewahrheiten dessen, Lehrer sein.

Um sich ganz ihren Idealen und ihren Studien hingeben zu können, hatten sie, schon einige Zeit, der Zeitgeist brachte Öffnung nach außen mit sich, andere Bürger, normale Leute, der Gemeinde nicht zugehörig, für allerlei Arbeiten bestellt, die diese verrichteten und guten Lohn dafür erhielten. Außerdem fanden sich viele Gelehrte und Freunde ein, denn Wissen und Geld schafft Freundschaften.

Es dauerte nicht lange, Länder waren wieder in Not, und die Freunde baten um Hilfeleistung oder Einmischung. So wurde abermals beschlossen, unter sich zu bleiben. Schmerzliche Enttäuschungen, ja Vorhaltungen, Brüche in der Freundschaft waren die Folge.

Inzwischen waren die Versuche, das durch viele Generationsfolgen langsam alternde Blut erneuern zu können, weitergediehen. Da sie die Natur kannten und einen hohen Kenntnisgrad in naturwissenschaftlicher wie technischer Fachrichtung besaßen, war es ihnen gelungen, aus Zellen Leben zu züchten.

Damit verbunden war der Wunsch, neues Zellmaterial langsam und befruchtend einzuschleusen, eine Menschenstufe zwischen der hochentwickelten Gemeinde und den Menschen allgemein einzubauen, aus dessen Reservoir bei Bedarf geschöpft werden konnte.
Da die bei der Gemeinde arbeitenden Menschen gemeinhin großes Vertrauen in die Ärzte hatten, war es ein Leichtes, bei kleinen Operationen und im Zuge einer Untersuchung bei Begabten sowie bei denen mit guter Erbmasse, Zellmaterial zu nehmen, dieses zu züchten, und es dann mit dem eigenen zu kreuzen.

Der Fortschritt war groß. Die Angst, ein zwar kluges aber aussterbendes Volk mit immer weniger Lebenskraft zu werden, schien durch diese Vermischungsart, in der der begabte und kluge Normalmensch dem gesunden Stamm, und die Höherentwickelten der Veredelung dienten, gebannt.

Aber es sollte anders kommen. Über Jahre verteilt, aber stetig, an einer Krankheit, die nach und nach den Leib ergriff und ihn schwächte, starben sie aus. Einer nach dem anderen. Die Jungen zuerst. Kriege und mit ihnen veränderte äußere Bedingungen taten das ihrige.

Sie hatten große Angst und litten sehr. Die Angst kam nicht um ihrer selbst willen auf, sondern weil sie so das Ziel nicht erreichen konnten. Sie waren gewohnt, in großen Abschnitten zu denken und zu handeln. Ein kleines unbekanntes Virus, ein ganz kleiner Abschnitt also, konnte dem ein Ende bereiten, was für sie so weit vorausgeplant war. Ein Virus, das nur in veraltetes und in zu essentiell verbessertem Blut eindringen kann, war der Fallstrick dieses Volkes. Es ist ein großer Verlust für alle.

Wir, die Neuen, haben überlebt. Es waren nur ein paar, die zu dem Zeitpunkt fertig im herkömmlichen Sinne waren. Wir waren zwar geschult worden, hatten viel, vor allem kurz vor dem Aussterben der Gemeinde von den letzten Alten erfahren, aber so weit, wie sie gekommen waren, so weit kamen wir nicht.

Wir Nachkommen hatten eine höhere Stufe erreicht, und wir wurden begabte und beliebte Leute. Unsere Ahnen heirateten normale Menschen mit ihren normalen Fehlern, guten Seiten und Fehleinschätzungen. Aber mir blieb trotzdem vieles von dem, was früher war, zugänglich. Auch war ich lebenstüchtig und konnte mich durchschlagen.

Ich habe als Kind folgende Geschichte erzählt bekommen, die ich weitergebe:

– · –

Die Stadt zerfiel und wurde langsam unheimlich ... Die Dorfleute hatten die Steine aus der schönen alten Stadt geholt, um ihre Häuser zu erneuern. So konnte es sein, daß schöngemeißelte Steine mit Figuren und Arabesken aus bäuerlichem Gemäuer vorschauten. Ein seltsames Ansehen war das.

Die Bauern holten mich, und die, die so gemacht waren wie ich, wenn das Vieh krank war oder ein Kind fieberte, wenn sie heuen wollten und das Wetter unklar, kurzum, zu allen Dingen, wo es ein tieferes Wissen braucht, fragten sie mich oder meinesgleichen.

Irgendwann spürte ich, daß die Freundlichkeit und Liebe im Dorf in Getratsche und später in Haß umschlug gegen alle, die mehr konnten oder wußten. Es war zu der Zeit, als der Boden trocken blieb und die Ernte mager.

Es war ein schlimmes Jahr.

Aber das darauffolgende, mit seinem schier endlosen Regen übertraf, da die Frucht auf dem Feld faulte, alles. Zu der Zeit wurde ein kleines Mädchen im Nebenhaus geboren. Die Nachbarin, eine schöne Person, hatte sich verliebt, und da sie eine von den unsrigen war, hatte sie mich um die Patenschaft gebeten.

Die Dorfbewohner wußten nicht, welche Bewandtnis es mit uns hatte, aber sie spürten unser Anderssein. Unser Haltung, unsere Interessen, kurzum alles, was neben der Sorge um das tägliche Brot noch Platz hat oder braucht, war anders. Dies rief eine Spaltung herbei.

Da ich meinen Lebensunterhalt neben dem kleinen Akker, den ich bewirtschaftete, auch mit vielen anderen Dingen bestritt, kam Neid auf. Das Leben im Dorf wurde zusehends schwerer. Ich hatte mir schon überlegt, wegzuziehen, aber da war die alte verfallene Stadt, die ich liebte und die mir eine zweite geheime Wohnstatt war, und die kleine Phila, für die ich eine Verpflichtung übernommen hatte, deren Tradition ich wohl ernstnahm. Ich blieb also, obwohl meine Sinne mir dringend anrieten, wegzugehen. Auch den anderen ging es nicht anders.

Das Wasser in den Brunnen wurde schlecht. Menschen erkrankten schwer, einige starben. Die Tiere quälten sich mit aufgedunsenem Leib. Ich konnte manchmal nicht zum Markt gehen. Die Leute sahen unfreundlich aus. Ich wußte, die Spaltung hatte ihren Höhepunkt erreicht. Wir konnten uns auch nicht zusammentun, das hätte sie bestätigt.

Auch wegen der kleinen Phila hatte ich die Nachbarin bewegen wollen, wegzuziehen. Aber sie meinte: »Wir haben doch nichts Böses getan.«

Es regnete weiter, und als endlich die Sonne kam, war alles verfault. Die Dorfbewohner hängten mir ein Schild an das Treppengeländer: »Das Böse muß weg!«

Da ging ich über den Hof zur Nachbarin, klopfte, aber ich hörte nur das Kind krähen. Ich trug die wichtigsten Dinge zusammen und ging zwischen den Häusern von meiner Heimatstatt weg.

Während dessen hörte ich die ganze Zeit lautes Volksgeschrei und Tumult. Immerzu kreisten die Tauben über den Häusern. Sie schienen sich nirgends niederlassen zu können, dabei stießen sie unentwegt klirrende Rufe aus.

Die Tauben waren es, die mir sagten, daß etwas am Umkippen sei, und obwohl ich mich fürchtete, schlich ich zum Markt.

Da sah ich die Mutter des kleinen Mädchens, und sie war bereits tot.

Aber die Menge merkte es nicht und warf weiter Steine auf die scheinbar Ohnmächtige. Ich eilte zurück. Durch den Holzschopf schlüpfte ich ins Haus der Nachbarin und holte das Kind.

Irgendwie, ich weiß nicht wie, sind wir entkommen, vielleicht weil alle mit ihrem Haß beschäftigt waren.

Die anderen sind alle getötet worden.

Wütend sind sie durch die engen Gassen gezogen.

Mich umblickend, sah ich zuerst weiße entwurzelte Fähnchen aus Rauch, die nach und nach zu einem dicken schwarzen, dem Himmel zuwalzenden Grauen wurden.

Ich habe mich mit dem Kind in den Kellern der alten Stadt versteckt. Dorthin kam schon lange keiner mehr. Eidechsen und anderes Getier hausten da. Brombeeren, Brennesseln, Kresse, Früchte von verwilderten Bäumen aus den alten Gärten waren unsere Nahrung.

Kurz bevor es Winter wurde, bin ich mit dem Kind weitergeflüchtet.
So jedenfalls hat es mir meine Phila'ahn erzählt.

Ich selbst bin in diesem Dorf aufgewachsen, aber ich war viel unterwegs. Ich habe ein Kind geboren. Eine Tochter. Sie war Deine Mutter. Ich habe Dich hierhergebracht, ganz in die Nähe des Dorfes, in dem das eben Erzählte passiert ist. Wohlgemerkt, bei Nacht und Nebel, wie man so schön sagt, habe ich Dich den Bauersleuten, die kein Kind hatten, vor die Türe gestellt.

Die Bauersleute nahmen Dich an. Es wurde noch ein Pate gesucht, und da ich gerade von einer meiner Reisen zurückgekehrt war und von dem Findelkind ›gehört‹ hatte, bot ich an, Patin zu sein.
Meine Tochter ist lange tot, sie hat es nicht ausgehalten auf dieser Welt. Dich, Phila, hat sie hinterlassen. Als ich genug gesehen hatte, bin ich in mein altes Haus zurückgekehrt.
Ich habe Dich heranwachsen sehen und fortziehen. Und ich habe Dich geliebt. Du bist die einzige, die übrig ist. Es hätte anders sein können; „leb wohl" klingt wie ein Abschied, aber meine, nein, unser aller Gedanken sind in Dir. Wenn Du kannst, nutze sie.

Erinnerungen: Weißes über Grün. Schmetterlinge über Brennesseln! Du warst so neugierig! Hast Du das Schmetterlingsnest gefunden? Der wilde Kreis hatte Dich so aufgeregt. Ich hatte Dir erzählt, daß es die, die nicht werden können, sind. Erinnerst Du Dich?

– · –

Ich habe das Nest gefunden! schreibt Phila in das Buch. Sie ist müde. Das Haus gehört ihr. Sie muß es reinigen. Sie

klappt das Buch zu. Die Großmutter also! Hatte sie in die Zukunft sehen können?
Jedenfalls hatte Phila'ahn faszinierende Augen gehabt. Man bekam nur nie ganz heraus, ob sie eine strenge oder gütige Frau war. Und ihre seltsamen Andeutungen und Geschichten ... Sie würde später weiterlesen. Das Haus gehörte ihr. Ein richtiges kleines Heimathaus, mit einer richtigen alten seltsamen Großmutter.
Aber die war jetzt tot.

Phila hatte Lust, das Buch wieder aufzuklappen und weiterzulesen, aber dann ließ sie es bleiben. Sie wollte jetzt, solange sie hier in ihrer Heimat ihren Auftrag erfüllte, öfter herkommen. Eine Heimat zurückgewinnen.

Sie würde das kleine alte Haus und das mit Liebe zusammengestellte Mobiliar vom Dach bis in den Keller putzen, vielleicht nahm sie sich auch eine Hilfe. Jedes Stück in die Hand nehmen und neu kennenlernen, ansehen, abtasten, drehen und abstauben.
Für jedes Detail wollte sie den richtigen Platz wählen, es konnte auch der angestammte alte Platz sein. Phila'ahn würde ihr nicht böse sein, sondern, könnte sie zusehen, eher erkennen, daß sie, Phila, das Erbe annahm.
Vielleicht waren all die schönen Möbel, Bilderrahmen, Vasen, Geschirr Zeugnisse von Phila'ahns Lebensverständnis, das sie ihr auf diese Art nahebrachte.

Später erst, mit der nötigen Ruhe umgeben, den sorgsam, für das Vorhaben ausgewählten Platz genießend, würde sie das Buch wieder aufschlagen und aus Phila'ahns kleiner kerniger Schrift eine Vergangenheit entziffern und darin auch sich selbst, in Erinnerung verankert, wiederfinden. Sie würde sich wachsen und in endlosen, durch Winter, Frühjahr, Sommer, Spätsommer und Herbst unterbrochene, Dorftagen wiedererstehen sehen.

Sie wußte nicht, was die alte Frau ihr an Erinnerungen und Lebenseindrücken hinterlassen hatte, was ihr aufgefallen war und was sie zwischen den Zeilen berichtet haben würde. Möglich, daß sie ein ganz anderes Bild gezeichnet hinterlassen hatte, worin die Schatten eine andere Wertung, die Halbtöne vielfältig angewandt, vielleicht kein oder viel Licht eingezeichnet oder ausgespart blieb.

Großmutter? Phila'ahn, die Großmutter, war vielleicht eine Frau gewesen, die in ganz anderen Sichtweisen gelebt hatte, aus ganz anderen Brunnen hatte sie, das schien ihr jetzt im Rückblick, je mehr sie darüber nachdachte, geschöpft.

Hatte sie, die Großmutter, in die Zukunft geschaut? Hatte sich ihr ein neuer Sinn eröffnet? Nein, so weit konnte doch niemand, auch nicht Großmutter, sehen.

Aber die Schmetterlinge!

Zuerst waren die weißen Schmetterlinge doch in Phila'ahns Augen gewesen. Zuerst in ihren grünen Augen und sie, das heranwachsende Mädchen, hatte sich gefürchtet vor jenem Zyklopenauge aus lauter weißen Faltern und hatte aufgeschrien.

Erst dann entstand über den Brennesseln und all dem anderen Unkraut, aus den dort weidenden Schmetterlingen ein Kreis.

Ja, so war das gewesen. Ein immer schneller werdender Kreis, in dessen Mitte ein Loch entstand. Je schneller die Schmetterlinge darin verschwanden, um so weißer und dichter der weiße Kreis aus Schmetterlingen, von dessen innerstem Rand, wenn sie ihn erreicht hatten, sie in wahnwitzigem Sturzflug in jenem Loch verschwanden.

Sie drückte die Schublade zu. Das Buch lag nun still und verwahrt in einem Gehäuse, das aus Dunkelheit und der Anpassung von Sichtbarem sowie den heranbrechenden Wellen und der weiter entfernt und näherkommenden und sich wieder entfernenden Klangfülle der Stille, wenn sie gegangen war, bestand.

Ein Vermächtnis also, das alles? Und sie nur eine winzige Figurette, übriggeblieben von dem Volk, das einmal zu fein und stolz gewesen war zu streiten, zu kämpfen, zu darben?

Sie, Phila, ein im Schlamm versunkenes Überbleibsel jener Hochkultur? Und das nur als ein Torso ohne die volle Kraft und Fähigkeit jenes Volkes. Und was war denn übrig in ihr von jenem Volk, das versucht hatte weiterzukommen, mehr zu erreichen, den Geist über den Körper gestellt hatte, außer, daß sie ein Nachkomme jener, von Großmutter in diesem Buch beschriebenen Bluterneuerung war?

Ein Bastard also? Sicher, es waren Erbteile erhalten geblieben, aber welche? Auch sie waren über Generationen hinweg vermischt worden. Was war noch da? Auf was könnte sie sich stützen? Oder würde sie zukünftig für ihre Fehler die Entschuldigung in jenen Zusammenhängen suchen? Und was, wenn sie dem Vermächtnis nicht genügte? Was sie spürte, war doch nur ihre Begabung, die Bereitschaft Zwiebilder zu entwickeln und zu verarbeiten, ihre Schaffenskraft und der Hang zu forschen.

Wofür reichte es? Und wohin hatte es sie getragen?

Zum gegenwärtigen Zeitpunkt war alles in Gefahr, da die anderen Kräfte auf der Welt stark genug entwickelt waren, diese speziellen Forschungsergebnisse für sich zu benutzen. Und wenn die weißen Schmetterlinge eine Vorausahnung, eine Überlegung, eine Entscheidung wert waren? Gab es das?

Ihre Finger fahren unruhig auf dem Holz des Schreibtisches. Sie haben im matten Staub bereits verwirrende Muster hinterlassen, dort glänzt nun das Holz auf. Wieviel

Zeit blieb ihr, sich alles genau zu überlegen?
Sie mußte heute noch mit Dr. Hermes, Clut und Moviak sprechen, welche Möglichkeiten zum absoluten Schutz der Idee und der ersten Ergebnisse bestanden. Dann waren die anderen zu überzeugen, die ebenfalls ihr Geld in diese Forschung gesteckt hatten, und wenn es notwendig werden sollte, mußten sie ausbezahlt werden.

Philas Finger trommelten auf den Schreibtischrand. Sie spürte ihre Nervosität heraufkommen und drückte sie wieder weg. Ganz ruhig und genau überlegen! Jetzt kommt es darauf an, wer geschickter taktiert. Der Fallenbesitzer oder derjenige, der darin gefangen sitzt. Nach einer Weile schiebt sie beim Aufstehen den Stuhl hinter sich.

Sie steht, die Handflächen auf die Schreibplatte gestützt, leicht vornübergeneigt. Sie richtet sich mit einem tiefen Atemzug, so als hätte sie gearbeitet und würde zum einstweiligen Abschluß kommen, auf, dreht sich um, um zu gehen, aber da wo sie die Türe wußte, war ein großer Spiegel, und sie, Phila, war dabei, sich entgegenzukommen.
Sie hätte fast aufgeschrien, aber dann sah sie sich um, orientierte sich neu. Da sich nur noch eine Türe im Raum befand, die neben dem Bücherregal zu anderen Räumen den Durchgang bildete, hatte sie sich wohl getäuscht.
Sie ging zur Türe und öffnete sie. Aber diesmal konnte sie einen Schreckensruf nicht mehr unterdrücken. Derselbe Spiegel versperrte ihr abermals den Weg. Aber gleich darauf erkannte sie, daß es Zitha war.

»Zitha«, flüstert Phila noch immer erschrocken und verwundert. »Zitha, was machst du denn hier? Du darfst doch noch nicht aus dem Labor weg.«

Aber Zitha lächelte Phila nur entgegen und zeigte ihr animalisch schönes Gesicht mit den weißen Zahnreihen. Zitha hatte die Hände hinter dem Rücken. Jetzt nahm sie sie hervor und öffnete eine Handfläche.
Darauf lag ein Schlüssel.

Sie lächelte noch einmal in Philas Gesicht und entfernte sich in Richtung der stählernen Türe in ihrer Behausung, die Phila auf dem Monitor gesehen hatte. Aber da war Zitha schon verschwunden. Phila stand in der leeren Türfüllung.
Zur Bestätigung sah sie noch einmal zurück, ob die andere Türe, durch die sie hatte zuerst gehen wollen, eine Täuschung gewesen war, aber sie befand sich wirklich am vorgesehenen Platze.

Sie begriff, daß die Vision Zithas Kontaktaufnahme zu ihr war, und daß dieses Lebewesen, aus ihren Zellen gezüchtet, vielleicht grenzenlos und zeitüberschreitend fungieren konnte. Sie hatte ihr, Phila, ein Schauspiel geliefert. Ein ganz kleines Schauspiel nur. Mit Symbolen behaftet und zu einem Zeitpunkt, als sie, Phila, äußerst erregt und sensibilisiert auf Tatsachen und Ahnungen reagiert hatte und nach Lösungen begonnen hatte zu suchen.
Warum gerade jetzt?
Verfügte jenes Wesen über einen Bewußtseinsgrad, der ihrem noch überlegen war? Oder besaß sie selbst diesen, ohne den es ihr immerhin unmöglich gewesen wäre, Zitha in ihren Räumen zu sehen!

Äußerst beunruhigt schreitet Phila danach durch das Haus und ist dabei so laut sie kann. Ohne sich weiter umzusehen, schließt sie die Haustüre, und steht auf den sprießenden Gräsern, die aus den Ritzen der Steintreppe wachsen. Sie spürt die heiße Luft.

Sie geht ein paar Schritte in die Gasse hinein, gleich hinter dem Knick, den ein Garten der Gasse abverlangt, klopft sie an ein Bauernhaus. Sie will sich für die Gartenpflege bedanken und auch für das Nötigste, das diese Leute wohl am Haus inzwischen verrichtet haben. Sie möchte auch um Hilfe zum bevorstehenden Hausputz nachfragen. Vielleicht wissen die Leute jemanden, der ihr zur Hand gehen kann. Da niemand öffnet, entnimmt sie der Handtasche einen Zettel und einen Briefumschlag, um auf diesem Wege einen Gruß zu hinterlassen.

In der Wirtsstube klatschen einige Einheimische in ihre schwieligen Hände, als sie hereinkommt. Sie erkennen sie wieder. »Wo treibst du dich denn herum?« Ein alter Mann faßt sie um die Hüfte, zieht sie zu sich. Sie darf auf seinen knochigen Knien sitzen. Sein Name ist ihr entfallen, aber seinen Geruch nach altem Pfeifenrauch und Heu, den erkannte sie wieder, auf den Knien war sie als ›sooo‹ kleine Göre schon gesessen. Der Alte deutet die Größe mit der flachen Hand an.

Der Taxifahrer sitzt neben dem Stammtisch. Phila winkt ihn herüber, die Alten machen Platz. Sie erzählen, lachen kollernd, fragen Phila aus. Ein Stoppelgesicht bläst in die Mundharmonika.

Die Alten klatschen sich auf die Schenkel, und Phila trinkt aus den angebotenen Gläsern.

»Und jetzt bist du also ein großer Star, wer denkt denn an sowas, wenn man ein Findelkind im Dorf aufzieht. Deine Zieheltern sind ja nun so lange tot. Du hast ihnen das Alter verschönt. Weißt du noch? ... Und die dunkelhaarige, die lange, die Gerti, die hat sich sehr gut verheiratet, und der Herbert, dem du schöne Augen gemacht hast, hat eine Autowerkstatt. Er verdient ganz gut, der hat die ... von den Jungen ... weggezogen ... neu hierhergebaut/junger Bürgermeister ... im Nebendorf/gehört ja nun zusammen/ Flurbereinigung angefallen/bauen jetzt/Futtermais/Viehfutter/Import/billiger/subventioniert/wird nur noch/aber sonst ...«

Sie vergißt den fremden, kunstvoll ausgearbeiteten Kopfsteinpflasterteppich zwischen renovierter Kapelle und Wirtshaus, die kleinen und filigranen Schatten unter jungen Bäumen. An ihrem Ohr wandern Worte, modern gewordene Worte vorbei, als würden sie an einem langen Band aus einer Schublade durch die Wirtsstube gezogen. Die Stimmen waren heimelig und schwer. Der neuen Worte noch ungewohnt, präsentierten sie doch die neue, nicht zurückgebliebene Zeit; »Nein, auch wir gehören zu den Modernen.«
Das stadtnahe Dorf hat sich prächtig entfaltet. Geranien und Brunnen.

Aber Phila lauscht nicht dem Inhalt, sondern der Melodie. Sie erzählen. Einer wirft Worte, Andeutungen, halbe Sätze in des anderen Erzählgewirk, sie entwerfen miteinander einen vollständigen Nachruf auf das alte verschrumpelte Dorf, mit seinen Misthaufen, den weißen und braunen Fensterkreuzen, den Fliegen im Mist und den hocherfreuten dickleibigen weißbraunen Hühnern, den Katzen im Fensterstock kauernd, den Mistbeeten in der Frühjahrsonne, wenn niemand wußte, ob der Schnee nicht doch noch einmal kommt, und den endlos scheinenden Blicken nach innen derer, die schon ganz alt waren, und von denen, die abends auf der Bank saßen und auf die Erde gestarrt hatten für Phila, so als müßte sie, die verlorene Tochter vom Dorf alles erfahren, als wäre hier der Nabel. Sie, die Weitgereiste, wurde kaum nach Neuigkeiten, Sehenswürdigkeiten oder gar ganzen Geschichten befragt. Es war zu unwichtig.

Marmoriertes Gedankengeflatter, vielstimmig, farbig, fließend. Städter kommen herein mit ihrer anderen Art, ein Jungbauer, Phila kennt ihn nicht, er hat den Traktor abgestellt, kommt auf ein Schöppchen.

»Sag mal, was machst du mit dem Brennesselfeld von der Phila'ahn, das gehört jetzt doch dir, die Phila'ahn hat ja niemand drangelassen, s'sind ja schon genug Angebote gekommen, s'wär auch ein riesiges Stück Land, wenn's bewirtschaftet werden könnte. Sie überlegen von überall her, wie's sie's dir wegnehmen können, aber kaum einer von den Alten. Enteignung und so, wenn du's nicht verkaufst, wir wollen dich mal vorwarnen, damit du's dir überlegen kannst«, sagt einer in der Runde.

»Was hat es denn mit dem Brennesselfeld auf sich?« fragt Phila.

»Tja«, murmelt der alte Mund und schweigt. »Hm«, räuspert sich der weißhaarige Hagere in der Runde, »weißt du, die Phila'ahn, die hätt' ja nichts auf das ganze Gebiet kommen lassen, ihr hat es ja gehört. Sie hat lieber einfach gelebt, die Frau, es war ja eine ganz stolze, da gibt es nix drüber, als mit dem ganzen Gebiet ihr Geld zu machen, sie hat immer gesagt, das ist eine Mahnung, eine Warntafel im Leben, daß man nicht alles kaufen und verkaufen kann, nicht alles uns Menschen zunutze werden soll, hat sie gesagt, und wir haben sie gelassen, weil es ihr doch gehört hat, und dann ist der Ort auch, besonders bei Nacht, unheimlich gewesen.

Sind auch schon Menschen umgekommen, die den Schmetterlingen etwas antun wollten, weil sie doch so seltsam fliegen am Abend.«

»Wie«, fragt Phila erstaunt, »gibt es sie wirklich, die Schmetterlinge?«

»Ja, zu bestimmten Zeiten, wenn was in der Luft hängt«, antwortet der Alte, der nach Tabak riecht, »ja, dann sieht man sie, aber die Jungen glauben nicht daran, und«, setzt er hinzu, »die modernen aufgeklärten Leute, die sich vom Platz einiges versprechen, auch nicht. Sie würden Humbug, Hokuspokus und sowas dazu sagen«, sagt er rauh. »Aber bis jetzt ist keiner davongekommen, wenn er die weißen Dinger ...« Ahnungsvolles Schweigen umrundet den Tisch.

»Ich habe gedacht, es wäre nur ein Traum gewesen, von meinen Jugendträumen einer«, sagt Phila in die Stille.

»Es gibt seltsame Träume«, sagt der hagere Mann. »Aber einige von uns haben sie dort wirklich gesehen. Die meisten von uns glauben aber auch so noch daran, ohne daß sie was sehen müssen, nur«, er macht eine Pause, »nur die anderen meinen, es wäre so ein richtiges Schädlingsnest, das man planieren sollte und urbar machen und die werden durch die Industrie, die vor den Toren der Stadt Platz braucht, noch übertönt. Und die ist drängender in dem, was sie will. Also paß auf!«

»Ich werde aufpassen«, sagt Phila.

Sie steht auf, gibt jedem die Hand. Schwielige Glieder drücken an ihre zarte Haut. »Ja, ich bin jetzt eine Weile in der Nähe.« »Möchtest du nicht zurückkommen?« »Vielleicht, aber ich suche zuerst jemand, der mir hilft, das Haus ein wenig zu richten, putzen und so, ihr seht mich jetzt öfter.« »Es ist doch deine Heimat«, sagt der Hagere. »Schön, daß du da bist, kleine Göre.« »Ich bin vierzig«, sagt Phila lachend.

»Die haben sich aber gefreut«, sagt der Taxifahrer sinnend auf der Rückfahrt. Phila gibt ihm ein großzügiges Trinkgeld, als sie vor dem Hotel angekommen sind.

»Dr. Hermes, Dr. Moviak und Dr. Clut sind verhaftet!«

Marc steht bleich in Philas Appartement. »Wegen Mißachtung ethischer Wertvorstellung, Veruntreuung von Erbmaterial, wegen staatsgefährdender Umtriebe und Verdacht auf Verkaufswilligkeit wissenschaftlichen Materials an Länder, die mit einem Embargo belegt sind. Gefahr eines Verstoßes gegen das Gesetz zur Regelung wissenschaftlichen Transfers.«

»Was ist los?« Phila wird ganz kalt, sie setzt sich. »Warum? Wer hat das veranlaßt?«

Sie steht unter einem weißgischtenden Wasserfall, die Worte werden ihr vom Mund gezerrt. Der Wasserfall donnert ihre Fragen in die Tiefe und sie begreift Marcs Antwort nicht, die sie erreichen will, sie sieht seinen Mund, aber es donnert um sie, so daß es unmöglich ist, ihn zu verstehen.

Marc steht auf, schenkt ein Glas Cognac ein, reicht es ihr herein, aber sie ist unfähig, das Glas allein zum Mund zu führen. Nachher wird ihr besser, sie friert nicht mehr am Kopf und sie stürzt nicht mit den weißen Massen ab, wird nicht verschlungen, zerschmettert.

»Geht es wieder?«

Phila nickt.

»Wie ist das passiert, ich wollte heute noch mit den Herren darüber sprechen, wie gefährdet wir und die Arbeit sind, das ist mir heute alles noch deutlicher geworden, seit Finkgast Druck ausübt, wir hätten ihm nicht glauben sollen, daß er Geschäfte machen will, wenn er nur die Hand auszustrecken braucht!«

»Das war sicher einer der Fehler, aber heute sind im Labor Proben gestohlen worden, zum Glück abgestorbene. Dr. Clut war sehr aufgeregt, als er mir dies berichtet hat. Er fragte nach dir, ich sagte ihm, daß du dir die Gegend ansehen wolltest und daß du voraussichtlich am Spätnachmittag . . . es schien dringend. Wir hätten gestern noch darüber sprechen sollen, was zu tun ist, wir spürten doch Finkgasts Entschlossenheit, hinter der eine Macht steht, jetzt sind wir fast machtlos.«

»Und was ist mit mir«, fragt Phila, »warum ist hier noch alles ruhig?«

»Finkgast hat sich mit Klominge zusammengetan. Du bist zu berühmt. Klominge kriegt sein Geld, und du wirst ihm erhalten bleiben, denn bis jetzt weiß offiziell niemand, daß es deine Zellen sind und du so tief mit drin steckst. Wir werden alle rausgehalten, wir vom Film.«

»Feiner Film, den du mir erzählst. Was ist mit Zitha und dem ganzen Material?«

»Darüber schweigen sich die offiziellen Organe aus. Finkgast befahl uns von Film und Organisation, Stillschweigen, und falls eine Stellungnahme erforderlich sein sollte, die Doktoren zu belasten. Speziell für dich gilt in dem Falle, daß, falls das vorhandene Versuchsmaterial mit dir in Verbindung gebracht wird, dies als entnommenes Material bei Streß- und Schwächezuständen, die du gehabt hättest, zu bezeichnen. Du habest dich vertrauensvoll wegen Fragen, deine Gesundheit betreffend, an einen der Doktoren gewandt, die du bei einer Abendgesellschaft kennengelernt hattest.«

»Aber wir können das Projekt doch nicht im Stich lassen! Es muß uns etwas einfallen! Und was machen sie mit den Doktoren? Es muß! uns etwas einfallen! Marc, sei bitte ganz still, lege dich irgendwohin, aber sei ganz still, ich will nachdenken«, Phila schiebt Marc sachte aus dem Zimmer. Dieser bemüht sich, keinen Laut zu verursachen.

Phila legt die Beine auf die Sofalehne und versucht die neue Konstellation zu überdenken und aufzudenken. Sie geht dabei vor, als würde sie ein Loch in eine eiserne Wand schweißen. Nach einer Stunde hat sie zwei Mocca getrunken, zwei Kilo abgenommen, und sie ist aufs höchste erregt. Sie platzt mitten in ein leise geführtes Telefongespräch, das Marc mit Klominge führt. Sie hört noch Marcs Worte: »Ja, sie ist einigermaßen gefaßt, aber möchte im Augenblick ihre Ruhe haben, ich rufe dann zurück«, da er Phila an der Türe stehen sieht, legt er auf.

»Marc, streue ein Gerücht aus; mindestens zwei wichtigen Stellen, die für die Innere Sicherheit zuständig sind, muß es zugänglich sein. Und dem Kanzler!«

»Was willst du?« fragt Marc.

»Eine Gegenstrategie«, klärt Phila auf. »Finkgast und seine Hintermänner wollten einen Militärputsch vorbereiten, von dem Vorwurf können sie sich nicht leicht befreien.«

»Treib den Teufel mit dem Beelzebub aus, bleibt dir immer noch der Beelzebub«, sagt Marc, »aber meinetwegen. Putzi kennt sich mit Computern aus, das ist hilfreich, Fernschreiber, fingierte Telefongespräche mit entsprechenden Andeutungen. Vielleicht hast du sogar den Nagel auf den Kopf getroffen. Aber wenn die Regierung mit drin hängt? und das nicht offiziell . . .?«

»Dann erst recht! Dann kommt der Vorwand genau zur richtigen Zeit, die Gefahr mit dem Militär ist ja immerhin gegeben. Jede Regierung weiß, daß sich das Militär selbständig machen kann, und läßt man es zu hoch kommen und zu eigenständig wirken, kann es zum Selbstmordprogramm einer Regierung werden, das ist auch eine mögliche Tatsache. Speziell in diesem Fall würden zu viele Trümpfe vergeben werden, ließen sie die Zügel schlaff. Das können sie sich einfach nicht leisten! Wo sind die Herren verhaftet worden?«

»Nicht im Labor. Sie wurden zu scheinbar wichtigen Treffs gelockt. Und Dr. Clut ein Stück weiter unten, als er vom Hotel wegging, das habe ich gesehen.«

»Also, dann habe ich recht, der Regierung wurde nur ein Vorwand zur Verhaftung geliefert, das sind die gestohlenen Proben. Das große Fressen möchten die Finkgasts und Hintermänner zu sich nehmen. Oder nein, es ist alles ganz anders! Das ist ein vortreffliches Spiel, paß auf: Die Finkgastleute haben nur so getan, als wären sie von der Regierung beauftragt. Das ist wirklich ein Spaß, ich glaube, wir sollen herausgehalten werden! Die Doktoren sind in Militärhand. Ja, so ergibt sich ein vortreffliches Bild. Vermutlich sitzen die Doktoren im Labor, nur unter ganz anderen Bedingungen als vorher. Hoffentlich wird der Safe mit den Aufzeichnungen nicht gefunden!«

Das Telefon klingelt. Marc greift zum Apparat. »Nein, die nächste halbe Stunde nicht, Frau Berg braucht etwas Ruhe.« Er legt auf. Phila fragt nicht einmal danach, wer sie sprechen wollte.

»Ist schon etwas veröffentlicht worden? Rundfunk, Fernsehen?«

»Bis jetzt nicht«, sagt Marc.

»Na, siehst du. Also, bereite das Streumaterial vor, Marc, und wenn alles so weit ist, schaffe mir Finkgast her, ich möchte mit ihm über meine Verhaltensweisen in der Zukunft reden.«

»Was hast du vor?«

Phila läuft gestikulierend auf und ab. »Schau, vermutlich waren die Leute, die Clut, Hermes und Moviak ›verhaftet‹ haben, weder von der Regierung, vom Sicherheitsdienst noch von der Polizei, sondern Finkgasts Leute. Damit wir, also du, ich, Klominge und die anderen zum Stillschweigen ohne Einfluß auf das weitere Geschehen verdammt sind, macht man uns Angst, tut uns jedoch nichts. Die Doktoren aber werden, so spezialisiert sie sich nun einmal haben, direkt gebraucht. Sie sollen weiterarbeiten. Das ist doch der Sinn des Ganzen. Clut, Hermes und Moviak werden, weil sie sich noch Chancen ausrechnen und ihre Ergebnisse in Gefahr sehen, gerne zurückgegangen sein in ihr Labor. Sie hatten sicher große Ängste um Zitha und die Versuchsreihen auszustehen. Ich denke, sie sitzen im Labor und arbeiten weiter. Vielleicht unter Aufsicht, das weiß ich nicht.

Jetzt werden wir von außen handeln. Finkgast kommt hierher, ich spreche mit ihm, sage, daß die Regierung vom bevorstehenden Putsch in Kenntnis gesetzt wird, wenn ihr Druck weiter anhält, und falls er nicht darauf eingeht, werden wir das auch tun. Das Non-Stop-Programm wird dann abgespult. Genauso verhält es sich, falls er mich bedroht.«

»Du wirst doch nicht allein mit ihm ... das möchte ich nicht! Phila!«

»Keine Angst, ich sage ihm gleich in den ersten Sätzen, was ihn erwartet. Er wird vorsichtig taktieren müssen, wenn es sich so verhält, wie ich vermute, und wenn er seinen Kopf behalten will.«

»Das ließe uns einigen Bewegungsraum«, nickt Marc.

»Aber allein schaffen wir das nicht mehr«, sagt Phila, »wir müssen Beziehungen zur Wirtschaft und Ärzteschaft aufbauen. Auch wir benötigen jetzt eine Lobby. Sie ist unumgänglich geworden, einfach darum, damit wir die permanent bleibenden Gefahren durch die Militärs und die von seiten der Regierung vom ›Projekt Zitha‹ abhalten können. Die ersten Kontakte sind schon als Drohmittel unumgänglich. Es muß gleich geschehen. Die Regierung hält also rein hypothetisch das Militär in Schach, und die autonomen Organe der Ärzteschaft und der Pharmazie sowie der freien Wirtschaft halten die Regierung in Schach. So ist mein Plan«, sagt Phila. »Beginnen wir, jede Stunde kann das Unheil vergrößern.«

»Bekomme ich auch einen Mocca?« fragt Marc. »Den haben wir uns verdient«, sagt Phila. Gleich darauf prustet der kleine Moccaautomat und verströmt den herrlichsten Geruch. Marc und Phila grinsen sich an.

»Warst du in deinem Heimatdorf? Wie war es?«

»Unwirklich. Eine Mischung aus Unzeitgemäßem und Verrücktem, mit einem Hauch von Mystik. Unwirklich eben«, sagt Phila, laß uns später darüber reden. »Außerdem war ich noch ein paar alten Leuten bekannt.« Sie blickt auf die Uhr. »Man ließ mich in Ruhe.« Sie schaltet bei den letzten Worten das Fernsehgerät an. »Nur wegen der Nachrichten, vielleicht kommt etwas.«

Aber es waren die üblichen Nachrichten, bis auf ein elegantes Auto, das in ihr Dorf einfuhr, einmal über den nun mit Kopfsteinpflaster bedeckten Holzplatz kurvte, Leute hielten Maulaffen feil, weitere Autos füllten den Platz. Phila stieg aus, lächelte, drehte sich einmal um sich selbst, winkte zu den aus geöffneten Fenstern schauenden Leuten. »Heute besuchte die große Schauspielerin die Stätte ihrer Kindheit«, sagte der Kommentator. »Das stimmt doch nicht!«, sagt Phila und sieht im selben Moment, daß Zitha, als Star gefeiert, das alte Dorf besucht.

*

Sie hatte eine unruhige Nacht. Nachdem Lon gegangen war, hatte sie noch eine Weile im Zweisitzer gesessen und in Illustrierten geblättert. Lons Unruhe war ihr aufgefallen.

Sie brauchte nicht zu fragen. Lon roch deutlich nach Gefahr und Angst. Er war bald gegangen.
Sie erinnert sich nicht, ihn schon einmal in diesem Zustand erlebt zu haben. Ihr vervielfältigtes Zellmaterial im Labor, das konnte Zitha erkennen, war in Not.

Sie sieht mit den im Labor erwachenden Zellwuchsaugen, daß Dr. Clut, Lon und Dr. Hermes mit verschiedenen Behältern und Apparaturen in einen Bunker umziehen.

Ihre neuen Zellen können bereits über verschiedene Sinne, nun auch über besser ausgeprägte Augen, Informationen mit ihr tauschen. Die zwei großen Behälter mit der Nahrungsflüssigkeit und den weiteren Zithas werden ebenfalls in den Bunker gebracht. Ebenso ein großer Teil der Organe.
Eine andere Versuchsreihe wird in Kühllösungen an andere Stelle verbracht. Zitha kann nicht erkennen wohin. Offensichtlich handelt es sich nicht um ihre Organe, oder sie schlafen. Beim Transport fällt trotz aller Vorsicht ein Ohrplantat in einen ihrer großen Behälter, in dem sie auch noch vegetiert. Sie lutscht das Ohrplantat genüßlich auf.

Dr. Hermes, der am nächsten stand, sah es nicht und kontrollierte den Bestand nicht sofort. Die drei Männer arbeiten die ganze Nacht. Im Labor bleiben einige Versuche unterer und mittlerer Stufen. Informationsmaterial wurde gesichtet und in den Tresorraum gebracht, aber dies zu erkennen, gebrauchte Zitha andere Eigenschaften, da die meisten Transplantate und nachwachsenden Körper bereits aus dem Labor entfernt und versteckt waren.
Danach gelang ihr der nur sehr unruhige Schlaf, an den sie sich jetzt erinnerte.

Es war längst Zeit für Lon. Da alles ruhig blieb, horchte sie auf die tödlichen Veränderungen, die sich anzubahnen begannen. Sie hoffte, daß ihre Behausung versteckt wie der andere Bunker und unauffindbar blieb, solange die Gefahr bestand.

Dann suchte sie Kontakt zu Phila und sah die Erstaunte in einem kleinen Haus. Sie zeigte ihr einen Schlüssel. Zur eigenen Unterhaltung schob sie später Vorstellungen und Bildmaterial in Fernsehkanäle. Thema: Star besucht sein Heimatdorf.

Im Eisschrank war genügend Essen für ein paar Tage, später blieb ihr noch viel Zeit, organisches Material aus der Wohnungseinrichtung aufzulösen und sich damit zu ernähren.
Wenn nichts mehr Nahrhaftes da war, konnte sie ihren Verbrauch auf ein Minimum reduzieren, oder vorübergehend jemandes Vorstellung und Reaktionsmuster so verändern, daß er nicht umhin konnte, ihre Türe zu öffnen. Aber jetzt hieß es, sich sehr still zu verhalten. Das war sie gewohnt.

1 Lon, Notfall 2. »Nichts« kann sehr viel sein, wenn man damit allein ist. Jeden Tag, ja fast jede Stunde fühlte sie ihre Fähigkeiten wachsen. Zitha sah dem zu, sah sich darin, als wäre die Distanz zu sich selbst verschiebbar. Wenn die Gefahr gebannt sein würde, müßte sie etwas beginnen.
Zitha fing an, erst zögernd, dann mit erwachendem Interesse, für sich und ihresgleichen ein originäres Weltbild zu planen.
1 Lon, 2 Notfall, das war vorbei.

Zitha entkam in günstiger Stunde nicht nur den Häschern des Herrn Finkgast und damit den Qualen unendlicher Untersuchungen für die Forschung, die an ihr gemacht werden sollten und an denen sie zerbrochen wäre, sondern auch ihren freundlichen und liebenswerten Produzenten Dr. Hermes, Dr. Clut und Dr. Moviak.

Noch auf der Flucht befahl sie ihren, im Labor verbliebenen Zellwüchsen, die Lebenstätigkeit einzustellen und keine Rückschlüsse auf etwaige noch verbliebene Lebensfähigkeit zu verraten, sondern zusätzlich einen leichten Verwesungsgeruch auszuströmen, ohne jedoch wirklich abzusterben. Daraufhin brauchte sie nur wenige Tage zu warten, um den Versuchsmüll in unterschiedlichen Behältern oder aus den Abwässern in Empfang nehmen zu können.

Vor die Abwasserrohre des Großlabors hatte sie vorsorglich ein hauchdünnes, sackartiges Netz befestigt. Darin fand sie fast alles wieder, was zu Phila und damit zu ihr gehörte.

– · –

Die überwucherte Stadt wurde ihre erste wirkliche Heimat. Einsame und Königin zugleich im Reich längst verlassener Stätte, schmeichelte Moos um ihre Füße, Efeu rankte zum grünen Himmel. Es gab keinen Schatten, kein Licht. Eine grüne Welt ohne Härte, ohne Kühnheit, ohne flammendes Aufbegehren, ohne Zwang, ohne Sucht.

Eine mit eigenen Tönen versehene Klangwelt verstärkte die Wahrnehmung der Augen, des Geruchs, der Tastwelt. Mit der Zeit kannte Zitha jedes Rinnsal, das über Mauerritzen in einem Streifen Moos herabrann, das melodische Tropfen, die einzelnen Tropfen, die Brunnen. Manche Straßenzüge aber waren so fest mit dem grünen Dach verwirkt, daß es unmöglich war, hindurch oder hinein zu gelangen. Aber Zithas Reich, in dem sie aufrecht gehen konnte, war für den Anfang groß genug.

Sie entdeckte Häuser, die so geschmackvoll an Zierart

und schlichter Schönheit waren, daß sie sich zeitweilig wie in einem Märchen wähnte. Sie fand Wandgemälde, die überdauert hatten, Nischen, in Stein gehauen mit Farbe belegt. Bücher, vermodertes Bettzeug, Schriften, Truhen, Stühle.

In manches Gebäude konnte sie nur mit Mühe gelangen, kriechend unter herabhängenden Moosvorhängen, armdikken Efeuranken und Verwurzelungen hindurch, besah sie Wunder nach Wunder. Sie gewöhnte sich an das Tierreich, und die Tiere fürchteten sich nicht.

Zitha drang weiter vor, manchmal waren es nur wenige Meter an einem Tag. Es waren dies die Tage, an denen sie an den Teil der Stadt kam, der fast vollständig von der vielfältigen Flora überwachsen war.

Tag und Nacht unterschied sich in ihrer Welt dadurch, daß der schwarze Himmel grün wurde, die phosphoreszierenden Holzstücke der Pflanzen oder Mauerecken die Ausstrahlung matter abgaben, weiße Schmetterlinge durch die Straßen gaukelten, oder die in großen Verbänden in der Stadt hausenden Fledermäuse ausflatterten oder heimkamen.

Zitha hatte die Plantate und Zellwüchse in Schlamm gewickelt und fing an, diese Schlammpakete zu trocknen. Sie würde sie später in eines dieser wunderschönen, mit Mosaiken ausgelegten Badehäuser bringen und dort heranwachsen lassen. Es konnte doch immerhin möglich sein, daß dies nötig werden würde.

Sie richtete sich ein. Ihre Wohnung war trocken. Vor ihrem Fenster rankte in unzähligen Verästelungen ein Dornenwald. Unter dem Fenster grünte ein Teich in einem steinernen Becken, dessen Rand wie eine graugeäderte Blume nach außen gebogen war. Im vielschichtigen Blattmuster

des Himmels schien ab und an eine Blüte auf.
Zitha stattete ihre Wohnung mit schlichten und edelsten Dingen, die sie in der versunkenen Stadt fand, aus. Dabei empfand sie Freude.

– · –

Perspektiven:

Die Verfasserin weiß, daß Zitha sich mit Phila treffen wird. Nein, sie wird nicht zu Phila gehen und diese aufsuchen. Eine ordentliche Geschichte, zumindest eine gute Wendung in der Geschichte wäre es (die Verfasserin überlegt es sich sehr genau, ob sie an dieser Stelle ihren gewiß nicht geringen Einfluß geltend machen soll), wenn Zitha in das kleine Haus, das Phila von Phila'ahn übernommen hat, kommen würde, um Phila zu besuchen oder um sich dort mit ihr zu streiten oder Phila zu erschrecken, wie sie es schon einmal getan hat. Zitha könnte sich auch einnisten und einfach nicht mehr weggehen.

Aber es ist Phila, die kommt. Phila hat einen drehfreien Tag. Sie ist müde und aufgebraucht. Sie hat in den letzten Wochen nur mit äußerster Disziplin, zu der sie sich verpflichtete, durchhalten können. Aber nachts weinte sie in Marcs Armen. Jetzt steht sie zwischen den Obstbäumen über dem Brennesselfeld und ruft nach Zitha.
»Zitha!«

Irgendwann hat Philas Rufen durch das Dickicht sickern können. Es ist hineingedrungen wie die kleinen Wasser und die kriechenden Tierkörper. Es ist herabgefallen in die moosgepflasterten Straßen wie ein Rosenblatt vom grünen Himmel, und Zitha kam.

Später kam Phila, an Zithas Hand geführt, in die alte Stadt, um sie anzusehen.
Aufzeichnungen über die Eindrücke, die dieses Erlebnis bei Phila hinterlassen haben, gibt es nicht.

Die Verfasserin weiß aber, das sie von Phila nicht überrascht, sondern eher erwartet, nicht neu, sondern so vermutet, nicht befremdet, sondern heimelig – wenn auch mit Staunen wahrgenommen wurden.

Zitha ist psychisch nachgealtert und hat das ungefähre Alter Philas erreicht. Körper und Gesicht sind sich zum Verwechseln ähnlich und doch, mit der Unterschiedlichkeit der Reaktionen, der Gesichtszüge, in Bewegung und im lebendigen Austausch mit anderen Menschen, sind es verschiedene und in unterschiedlichen Ebenen beheimatete Frauengestalten – obwohl sie, der Leser hat es mitverfolgt – eine Frau sind.

Über die nähere Zukunft ist zu berichten, daß anläßlich einer von Phila gegebenen Abendgesellschaft, Dr. Moviak, ungeschützt aller Präparate, Zitha wiederbegegnen wird. Zitha wird ihn zum Mann wählen, und er wird sich dem nicht entziehen können. Er muß die neue, unbekannte Dimension begleiten. Er selbst wird sich bemühen, einen Teil davon zu begreifen. Er wird sich umsehen und sich verloren darin vorkommen. Und sehr klein.

– · –

Schlußblick:

Zitha beginnt, es mag ungefähr ein Jahr nach ihrer Flucht aus dem Labor und der zwar inständigen, aber geheimge-

haltenen Suche nach ihr, sein, verschiedene Länder zu bereisen. Nach Studienaufenthalten nimmt sie Gastdozenturen an.
Ihre Hauptthemen sind Philosophie, Psychologie und Tiefenpsychologie, wobei sie sich auch in behavioristisches Gedankengut eingearbeitet hat und es als brauchbar erkannte.

In dem Zusammenhang interessierte sie sich anschließend auch für Publizistik und besondere Wirtschaftstheorien. Aus diesem und an anderer Stelle geäußertem Grund, nämlich, ein originäres Staatsgebilde, vielleicht sogar eine Weltstaatstheorie zu entwerfen, konnte sie nicht umhin, einige Seitenblicke auf das Studium der Politologie zu verwenden, damit die Einschätzung der gegenwärtigen Situation in zukünftige Planungen mit einbezogen werden konnte.
Vergessen wir nicht: Zitha lernt mit den ihr zur Verfügung stehenden Mitteln außergewöhnlich schnell! Und die Bereitschaft, weiter mit Dr. Clut und Dr. Hermes zusammenzuarbeiten, ermöglichte es ihr, deren Brauchbarkeit für ihren eigenen Wissens- und Anwendungsdurst nutzbar zu machen.

Zwei Jahre später beginnen die Bauarbeiten rund um das Brennesselfeld. Auf dem Modell, von Phila mitentworfen, zeigt sich ein terrassenförmig im Halbkreis angelegtes Gebilde, das einem Atrium nicht unähnlich ist.

Auf einigen Einzelzeichnungen ist angedeutet, wie das in riesigen Ausmaßen geplante Großlabor auf eventuelle Mauerreste aufgefügt werden soll.
Offensichtlich bleibt das Brennesselfeld bestehen.
Möglicherweise werden schmale weiße Brücken und einige kleine Hängegärten darüber angelegt werden, damit Spaziergänge möglich sind.

Die Schmetterlinge wird das nicht stören, zumal ihr Lebensraum dabei nicht eingeschränkt wird, sondern sie sich vielleicht irgendwann von dort aus entschließen werden, die Welt zu erobern.

Zur Hochzeit hatte sich Dr. Lon Moviak von Zitha nur eines gewünscht: sehr nah am zukünftigen Geschehen mit dabeisein zu dürfen und einen Anteil an der bemoosten grünen Stadt zu erhalten.
Phila schüttelte, als sie von Zitha befragt wird, den Kopf. »Aber darin umherstreifen, das darfst du jederzeit«, beruhigte Zitha ihren Mann. »Du kannst auch unsere zukünftige neue Menschheit dorthin mitnehmen, wenn du das für deren Seelenkonstruktion für richtig hältst. Du bist dafür mitverantwortlich, und es wird dein Fachgebiet bleiben.«

Auch Marc beginnt sich an den Gedanken, daß hier einmal Lebewesen in Massen hergestellt werden, zu gewöhnen und beginnt alsbald, sich in verschiedenen Wunschträumen, wie diese gebildet werden sollten, zu ergehen.
Aber Marc wird seine, vielleicht sogar positivistischen Gedankenmodelle vielen anderen gegenübergestellt sehen. Nur, daran denkt er noch nicht. Es könnte aber auch sein, daß ihn bereits Angst und Zweifel quälen.

Deutlich spürt die Verfasserin dieser Geschichte, daß es nicht nur unbequem, sondern fast schon unartig ist, jetzt an der Stelle aufzuhören.
Der Leser vermißt sicher auch die zärtlichen Gesten oder gar Leidenschaften zwischen den Eheleuten, aber dazu bleibt gar keine Zeit mehr, denn bereits in der nächsten Zeile müßte eine ganz neue Dimension hinzukommen.

Es betrifft die von Zitha und ihren engsten Mitarbeitern Lon, Clut und Hermes in Laboren en gros gezüchteten Menschen, Hybriden und Chimären und die garantiert wieder auflebende Gegenseite mit ihren Zuchtvorstellungen.

Das jetzt zu überblicken sowie seriös zu beschreiben – dazu fehlt es ihr im Moment an Worten.

Dabei muß der Leser bedenken, daß Zitha um der Welt und ihrer selbst willen versucht, den kleinen Vorsprung, der ihr durch das Schicksal zugewiesen wurde, auszunutzen. Sie wird mit Ärzten, Kliniken und der Pharmazie zusammenarbeiten.

Trotzdem. Zithas Figuren werden dann anderen gegenüberstehen. Mag Zitha ihre Laborzüchtungen mit Intelligenz ausstatten, vielleicht stehen diese Gruppen anderen gegenüber, bei deren Herstellung auf andere Vorzüge Wert gelegt wurde.

Die Menschheit jedenfalls, wie wir sie heute kennen, mit all ihren Zufällen in der Verteilung der Begabung, den schweren Lebensstunden, die uns stärken und belehren, den unverhofften Freuden und Glücksmomenten, die wird es nicht mehr geben.

Phila und die Verfasserin beim Spaziergang

Aber noch weht uns Wind ums Haar, Zweige zeichnen Aderisse in den Dunst, unserem sparsam werdenden Lächeln von Mensch zu Mensch gleicht es. Am Horizont versinkt die romantisch gefärbte Sonne, den Himmel mit dem restlichen Rot alleinlassend. Warte einen Augenblick!

Es rast der Autolärm in absolute Stille, die Zeitung des Portiers hat aufgehört zu rascheln, dieser lauscht dem Ungehörten nach, der Gärtner zieht mit dem Rechen tiefe Linien durch die Abendluft und trifft dabei auf Blütenblätter, die erst morgen fallen.

Telefone klingeln, klingeln nicht, Worte brechen ab, Münder stehen offen, der Handdruck erlischt, das Feuer schwärzt, die Kinder haben aufgehört, sich Spiele zu entwerfen.

Und du siehst mich an. Wir waren in der Abendsonne unterwegs, den Wind hatten wir im Haar, jetzt steht es uns zu Berge. Warte, es ist gleich vorbei . . . der Lärm schwillt an . . . und doch, . . . nach diesem Zeitraum wird alles anders sein, es haben sich darin die Bedeutungen verschoben.